慎 泰 俊
Shin Taejun

世界の貧困に挑む

――マイクロファイナンスの可能性

岩波新書
2055

目　次

序章　「機会の平等」のための金融包摂

本書に書いてあること

世界は、誰もが自分の運命を自分で決められる場所であるべきだと私は思っています。そうでない世界、すなわち、機会の平等がない世界においては、貧困をなくすことは不可能です。機会の平等を拡げるという理想を実現するためには、少なくとも世界中で金融包摂が実現する必要があると考えました。なので、民間版の世界銀行をつくるべく２０１４年に起業し、途上国におけるマイクロファイナンスを仕事にしています。その仕事を通じてわかったことを皆さんに伝えることによって、世界が前進することを願って本書を執筆しました。

本書のテーマである金融包摂(Financial Inclusion)とは、有益(useful)かつ手頃な価格(affordable)の金融サービスへのアクセスがある状態のことを指します。そして、本書で主に取り上げるマイクロファイナンスは、こういった金融包摂が実現していない途上国等において、低所得層の人々を主たる対象として提供される少額の金融サービス全般（預金・融資・送金・保険など）を指します。そういったマイクロファイナンスを提供している金融機関を総称してマイクロファイナンス機関（MFI）といいます。

本書では、機会の平等の実現にとって欠かすことができない金融包摂の仕組みと歴史、課題、未来について、途上国における金融包摂の担い手であるマイクロファイナンスを中心に書いていきます。

なお、本書が主に取り扱うのは途上国の話題ですが、これは途上国だけの問題ではありません。先進国にも同じような問題がありますし、日本に住む皆さんにも関わりがある話なのです。たとえば、この本を読んでいる皆さんのお金の一部は、途上国のマイクロファイナンスにも費やされています。このことについては、あとで詳しく説明します。

自己紹介と日々の仕事内容

まず自己紹介をします。

私は五常・アンド・カンパニーという会社の共同創業者であり代表です。民間版の世界銀行となり、世界中の人に金融サービスを届けるために会社を創業しました。それから10年が経ち、

2024年末現在はアジアとアフリカにグループ企業であるマイクロファイナンス金融機関と1万人以上のグループ従業員をかかえ、数百万世帯にマイクロファイナンスを提供しています。世界のマイクロファイナンスの歴史上、いちばん早いスピードでこの規模に到達した一社であり、世界展開をするマイクロファイナンスのグループとしては世界最大級の事業者となっています。株主は、銀行、生命保険会社、商社、政府系ファンド、海外の投資ファンド、ベンチャー・キャピタルなどです。

具体的に私がどういう生活をしているかというと、次のようになっています。

まずは会社経営者として、企業文化づくり、グループ全体の戦略や人事についての意思決定、現地金融機関の経営陣との定例協議、主要メンバーとの定例会議などにかなりの時間を割いています。世界中の人たちとやりとりをするので、ミーティングのほとんどはビデオ会議で、英語を用いて行われます。

また、組織を代表して行う、外部投資家から資金調達をするための活動や、その他対外活動なども重要な仕事になっています。これも、対面とビデオ会議で開催され、時差がある欧米の投資家とのビデオ会議は往々にして日本時間の夜に行われています。ですので、日本に暮らしているとどうしても夜が遅くなりがちです。

ここまでは、いわゆる新興グローバル企業の経営者のよくある時間配分だと思いますが、私は月に2回程度は途上国を訪問しています(創業当初の1年弱はカンボジアに住んでおり、その後も毎週のように海外出張をしていました)。すでに事業拠点がある国の場合は、そこで現地の支店と顧客を訪問して、何か困ったことや変わったことはないか、といったことを聞いて回ります。営業社員が多い仕事なので、出張中に営業社員の集会があれば参加して、必要ならば宴会芸もやります。

また、空いた時間をみつけては通訳と車のドライバーだけを連れて農村を訪れ、その場で会った村人にインタビューをしています。なぜ支店の人を連れていかないのかというと、現地の農村で顔が知られている支店従業員と一緒に村人たちを訪問しても、自社にとって都合の悪いことは教えてもらえないからです。こうやって得られた一次情報をもとに、現地企業の経営陣にも問題提起を行ったりして、現地の事業改善にも取り組んでいます。また、現地の金融機関や規制当局などを訪問して、関係構築に努めたりもしています。

何か緊急の出来事があれば、予定を調整してその国に可能な限り早く向かいます。たとえば、ミャンマーでクーデターが起きたときには、コロナ禍で数が限られていた飛行機に乗り、現地に向かいました。戒厳令下にあるエリアや近くで紛争が起きているエリアも訪問し、従業員や顧客に話を聞きながら、彼女・彼らを励ますことに力を尽くしました。スリランカが債務不履行を起こしかつてないインフレに見舞われたときには、ガソリンが不足している現地の人々の迷惑にならないようにと、自転車をもって現地に向かいました(結局のところ、そこまでする必要

(上)ミャンマーのクーデター直後，戒厳令下にある場所で顧客を訪問したとき．後列左に筆者
(下)タジキスタンのホームステイ先で．左から2番目が筆者

がなかったことに到着後に気がつくのですが)。

　事業拠点がない途上国にいく際には、農村訪問に充てる時間がより長くなります。できれば現地の農家に泊めてもらい、その国の生活感覚や、現地で暮らす人々にどういったニーズがあるのかなどを把握しようと努めています。そうして、「この国で仕事をしよう」と自分が納得できた国で、事業を開始してきました。

　事業を開始するといっても、私の仕事は現地の金融機関経営なので、活動には免許が必要です。なので、会社を現地に設立して免許を取得する場合もあれば、免許を保有している金融機関を買収して事業を開始する場合もあります。グループが大きくなるに従い、一から会社を設立して免許を取得するために待つ時間の機会費用が大きくなっているので、最近は既存の金融機関を買収することが増えました。

　気候や時差の違う国にも頻繁に訪問しますし、飛行機の深夜便に乗らざるを得ないときも多いです。加えて、出張で穴を空けた分を埋め合わせるために、日本にいるときは育児の大部分を担当し、パートナーとの負担が同じになるようにしているため、かなりの体力勝負です。また、世界中を旅しながら、国家主席や大富豪から1日2ドル以下で暮らす人まで、きわめて多様な人たちと会って話すのも、自分の仕事の特徴ではないかなと思います。

営利企業以外にもふたつの非営利組織を共同創業しました。ひとつは２００７年に共同創業したLiving in Peace。これは機会の平等をテーマに様々なプロジェクトに取り組んでいる認定ＮＰＯ法人で、金融包摂、社会的養育、難民という三領域で活動をしています（２０１７年には代表を退任しています）。このＮＰＯ活動を通じて、２００９年には日本初となるマイクロファイナンスに投資をするファンドをつくり、また国内では児童養護施設等に暮らす子どもたちの生活改善のための施設建て替えや、奨学金の提供などをしてきました。最近は日本国内にいる難民の支援業務にも取り組んでいます。

つぎに、日本児童相談業務評価機関。これは、日本に２００カ所以上ある児童相談所の第三者評価を高い水準で実施するために設立された団体です。質の高い第三者評価を実施し、その結果を公開することで、児童相談所の課題が社会全体に共有されることを目指しています。加えて、児童相談所側が自らの課題解決を行いやすくするとともに、各地の児童相談所で蓄積されている優れた事例を共有することを目指しています。私自身も年１～２回は会社の有給休暇を取得して、全国の児童相談所を主任評価員のひとりとして訪問しています。

なぜ機会の平等拡大に取り組むのか

人の思想や信念は、その人が経験してきたことと無縁になりえません。私が機会の平等について強い関心をもっているのも、私の生い立ちと関係していると思いますので、自分の仕事の動機と関連していそうなことについても書いておきたいと思います。

私は生まれたときから無国籍状態にあり、今もパスポートを持っていません。そのため、途上国を訪問すると様々なトラブルに見舞われるので、国をまたいで移動する自由の大切さを日々痛感させられています。また、実家もそんなに裕福とは言えないものでした。それ以外にも、生まれ落ちた環境があたかも「あなたが未来について夢見てよいのはこの範囲まで」と言ってくるかのように感じることはすくなくありませんでした。

幸いながら、多くの人の愛と支援および偶然に恵まれて、現在の私は自分が望む通りに生きられています。ですが、様々な現場を見てきた結果、私は自分がたまたま幸運だっただけで、多くの人がそうでないということを思い知るようになりました。だからこそ、そういった偶然に頼らずともより多くの人が未来を自分で決められるように、自分の人生を通じて機会の平等をすこしでも拡大していこうと思っています。すなわち、どのような国や親のもとに生まれても、どのような性格や個性、属性をもっていても、自分の望む未来を自分で決められる人がひとりでも多くなるために必要なものを、社会に実装していきたいと思っています。

活動するに際して気を遣っているのは、自身の培った金融・投資や経営の知見を活かした課題解決に取り組むことです。私が創業前に従事していたプライベート・エクイティ投資業務（非公開企業への投資で、往々にして会社株式のすべてを取得する）はよく「金融と経営の総合格闘技」とよばれていました。約20年の仕事経験を通じて金融と事業経営については高い水準の知見をもつようになりました。10年ほど前に書いた『外資系金融のエクセル作成術』という本は、今も日本中の投資銀行、コンサルティングファーム、商社などで財務モデルをつくる人にとって教科書とされているそうです。

もちろん、プロフェッショナルとしてのスキルでいえば、私よりはるかに優秀な人はたくさんいるのですが、機会の平等という領域において、私のようなスキルを有している人は相対的に少ないようで、それは私の立ち位置のユニークさに役立っていると思います。

今も世界は金融包摂からは程遠い

金融包摂されている状態をイメージするためには、そうでない事例（金融排除）を考えるのが早道でしょう。たとえば、銀行口座を維持するだけで、毎年５０００円以上の手数料がかかる国は少なくありません。こういう国において、所得の低い人が銀行口座を維持するのはきわめて難しいことです。

クレジットカードを通じて個人破産する人は世界中で後を絶ちません。もちろん利用者が計画的に資金を使えるようになることは重要ですが、もしクレジットカードの供給会社が、人間の心理的な特性に付け入る形で度を越した金額を使うように仕向けているとしたら、これも有益な金融サービスとはいえないでしょう。

また、世界には多くの出稼ぎ労働者たちがいますが、つい最近まで国際送金には最低でも数千円の手数料が必要でした。これでは、稼いだ10万円を自国に送金しようとすると、送金手数料だけで数％のお金がなくなってしまいます。国内の出稼ぎ労働者も、銀行口座がないと同様の問題に直面します。しばしば、知り合いの個人などに手渡しで送金を手伝ってもらうのですが、様々なトラブルに直面します。

また、奨学金制度がない国もあります。このような国では、お金がない家庭の子どもが高等教育を受けることは困難になります。日本のように奨学金制度があったとしても、それが大学入学後にしか提供されず、受験勉強をしないといけない高校生の時期に何も資金支援が得られなければ、家が裕福でない子どもが奨学金制度から十分な支援を受けることは難しいでしょう。

また、奨学金の金利が不当に高いのであれば、結果として奨学金制度を通じて債務に苦しむ人を多く生み出すことになり、有益とはいえません。

このように、金融包摂は、途上国だけの課題ではなく、先進国も含めた課題なのです。マイクロファイナンスは今のところ途上国の金融包摂の文脈で議論されることが多いですが、将来的には先進国の金融包摂においても語られることが増えるかもしれません。

金融包摂は機会の平等の重要な構成要素となっています。たとえば、私は奨学金および親の懸命な金策があったお陰で高等教育を受けることができました。小中学生のころに囲碁を習い事にすることができたのは、伯母が資金的な援助をしてくれたからです。親をはじめとする大人たちの資金援助(これも広義の金融包摂の一部です)なしに、子どもが自分の生きたいように生きていくのは困難でしょう。

「一隅を照らす」

機会の平等は数多くの要素によって構成されているので、金融包摂が達成されれば、世界で機会の平等が実現され、すべての人が貧困から脱却できるということはありえません。機会の平等や貧困にまつわる問題は、金融以外にも、自然環境、インフラ、教育、養育、医療などきわめて多くの領域が関連するものなのです。機会の平等に関連する全領域をひとりの人間がすべて解決することは不可能でしょう。

だから、私や他の金融包摂の実務家が取り組んでいるのは、いわゆる「一隅を照らす」ことなのです。この領域で課題解決ができたとしても、完全な機会の平等が実現するわけではありませんが、自分なりに立ち位置を決めて取り組んでいるわけです。

この「一隅を照らす」という観点に立つと、機会の平等にまつわる諸領域について、ある領域が他の領域より重要だ、と考えることは誤っていることがわかります。たとえば、地球の持続可能性はきわめて重要な問題ですが、それだけに注力して他の領域をなおざりにするわけにはいかないのです。

「あれかこれか」という考えではなく、「どれも必要」という考えで、国や社会はリソースを分配するべきですし、私たち一人ひとりはそれぞれが自分で決めた領域において仕事に取り組むべきです。そのようにして、社会は進歩するのだと私は信じています。

第1章　お金はいかにして回っているのか

1　お金とはなにか

証明可能な記録

お金とは「財・サービスと交換したり他者に移転することができる証明可能な記録」のことです。それが間違いなく証明できて、他の人々が交換手段として認める限りにおいて、記録方法はなんでもかまいません。手書きの台帳であっても、貴金属を有していることであっても、コンピューター上の記録であっても問題ないのです。昔の社会においては貴金属を有していることが多かったですが、現代においては紙幣やコインやコンピューター上の記録がほとんどになっています。

お金のことは、より専門的な用語では貨幣とよびます。そして、実際に用いられている貨幣

（たとえばコインや紙幣など）のことを流通貨幣、略して通貨といいます。貨幣と通貨の境目はときに曖昧になるので、本書では多くの場合両者を含めて「お金」という言葉を用います。

お金の歴史は長い

「原始時代において、人はもともと物々交換をしていたものの、物々交換はお互いのニーズが一致しないと成立しないので不便も多いため、何とでも交換できるものとして、お金が発明された」という説明には根拠がないということが、歴史学者らの研究によって明らかになってきています。もちろん、現代でも存在するように物々交換そのものは存在したのですが、物々交換を続けた結果としてお金が生まれたというのは真実ではないようです。

通貨として使われたものには石、貝殻、鳥の羽根、貴金属などがありましたが、特によく使われたのは貴金属を鋳造したものでした。理由は、貴金属が記録方法として優れていたからです。希少であるために価値の割に軽かったので、持ち運びに便利でしたし、一度溶かすことで分割もしやすかったからなのでしょう。マネーという言葉は「鋳造すること」が語源ですし、日本で「お〝金〟」とよばれるのもこれに由来しています。通貨の鋳造権は、このときから常に政府の独占的な権利でした。

記録の媒体として、その次に使われたのは紙です。これは高い印刷技術を背景につくられました。いちばんはじめのものは1000年代に宋の時代につくられた交子《こうし》でした。活版印刷をドイツのグーテンベルクより700年早く発明した中国人だからこそできたことです。その後、ヨーロッパに紙幣が登場するのは1600年代でした。

20世紀になると、お金は電子的な記録になっていきます。背景にあるのは電信技術、その後は計算機の技術です。実際、現代の先進国に住む私たちは、自分たちの保有するお金のほとんどを、銀行にデジタル情報として記録しています。

電子情報になったことで、お金は物質のくびきから外れました。通信技術の発達とともに、世界中のどこにでも素早く移動できるようになりました。

お金の歴史からいえること

このお金の歴史については、次のようなことがいえます。

第一に、記録としてのお金はより小さく軽くなり、それによって資金のやりとりはよりスムーズになり続けてきました。日本でもここ数年の間にキャッシュレスが進み、私たちの財布も小さくなりましたので、これは多くの人にも実感してもらえることでしょう。それでも今は、決済のためにスマホやクレジットカードが必要ですが、将来はそれすら不要になることでしょう。具体的には顔認証、静脈認証、もしくは小型チップを体に埋め込むなどをして決済が行われることが増えるでしょう。

第二に、その歴史を通じて、お金は人々からの信頼を源泉にしてきました。それが貴金属であれ、紙幣であれ、デジタル記録であれ、私たちからの信頼を失うと、お金は存在できなくなっています。

この信頼は私たち人間の特性、テクノロジー、そして政府に依存しています。

歴史学者のユヴァル・ノア・ハラリは人間の優れた能力のひとつは共通の物語をつくり、それを信じられることであり、それによりホモ・サピエンスは世界を制覇したと喝破しました。宗教や思想と同様、お金もこの能力によって支えられているのです。

信頼をもう一方で常に支えてきたのは、テクノロジーでした。貴金属の時代には金属の真贋鑑定が、紙幣であれば印刷技術が、デジタル記録であればセキュリティ技術が、信頼の源泉となっています。

ただ、技術だけでは信頼を十分に担保することはできません。もうひとつ役立ったのは、政府の存在でした。偽の通貨づくりはいつの時代も重罪であり、厳しく罰せられるものです。そういった取り締まりを行う政府の存在があったからこそ、お金は信頼を得ることができました。実際に、銅貨のように、材料となる金属そのものが価格を担保していない通貨は、ローマ帝国や秦など、官僚機構を備えた強い政府が成立した国で最初に生まれました。人々が政府の能力を信頼することで、その政府の発行する通貨も信頼できたわけです。そして、政府が弱くなると通貨も同時に信頼を失っていきました。これは現代にも当てはまることで、人々の信頼を得ていない政府が発行する通貨は現代においても不安定です。

なお、技術のみによって、信頼を必要としない金融システムをつくろうというのが、最近台頭している暗号通貨をつくっている人たちが目指していることです。技術進歩によって、お金に対する不正を取り締まる政府やその規制当局を抜きにしても、金融システムを維持することができるというのがこの人たちの主張です。面白い取り組みだとは思いますが、私はその実現にはもうすこし時間がかかるだろうなと思います。それほどに、信頼を代替するのは難しいものなのです。

2　お金はどうやって回るのか

実物取引と金融取引

お金の使い道はふたつです。ひとつは財・サービスと交換すること(寄付もある意味で満足度や意義とお金を交換することです)、もうひとつは誰かに預けることです。そんなに難しい話でなく、要は「お金は買い物に使うか預けるかのどちらかに用いられる」、ということです。前者は実物取引、後者は金融取引とよばれます。

金融取引には大きくふたつがあります。ひとつは貯める、という言葉に総称される、いつでも引き出せる銀行預金、タンス預金などがこれにあたります。もうひとつは投資する、という言葉に総称される、様々な金融商品(株式、社債、投資信託など)を購入するものになります。

移動するお金

お金は実物取引および金融取引によって、人々の間を移動し続けます。

実物取引におけるお金の移動を考えてみましょう。私がコーヒー屋でエチオピア産のコーヒー豆を1000円で買うと、私のお金はコーヒー屋に移動します。次にコーヒー屋が、コーヒー豆の卸業者からコーヒー豆を700円で仕入れているとすれば、そのお金は卸業者に移動します(残った300円はコーヒー屋における人件費その他経費に費やされ、さらに残ったお金は預金されたりするでしょう)。次に卸業者から、地元のコーヒー豆の輸出企業に、そして、それはコーヒー農家に回っていく、ということになります。

よく言われるフェアトレードというのは、この一連のつながりの過程で、極端な搾取がないようにする取り組みのことです。そのような倫理的な事業者が仕入れている豆を一般消費者が好んで購入することで、よりフェアな世界が成立するとフェアトレードを推進する人たちは考えています。

マイクロファイナンスと金融取引

本書の主題であるマイクロファイナンスに提供される資金は、どこかで必ず金融取引を介しています。

五常・アンド・カンパニーの例をあげましょう。2024年現在、私たちはこれまで数百億円を資本で調達し、1000億円以上を借り入れて事業を行っています。出資者は私たちに投資という金融取引を行っており、貸し手は私たちに融資という金融取引を行っています。そうして預かったお金を用いて、私たちは現地の人々に融資などの金融サービスを提供しているわけです。

では、さらにたどると、そのお金はどこからやってきているのでしょうか。

私たちの株主には個人のほかに、保険会社、銀行、ノンバンク、事業会社、民間の投資ファンド、政府系の投資ファンドなどがあります。保険会社から受けた出資は、保険加入者が払っている保険料がもとになっています。銀行からの出資は預金者や株主からのお金、または銀行からお金を借りている人が支払っている利息などが源です。皆さんが使っているクレジットカード決済から得られる手数料も、私たちの会社の資金源になっています。

民間の投資ファンドに出資している法人の多くは年金基金や金融機関などです。なので、皆さんが払っている年金の一部も私たちの事業資金となっています。政府系の投資ファンドの源は国のお金であり、その源泉の多くは皆さんが払っている税金です。

日本の銀行も私たちに融資をしていますが、今でも融資の多くは、途上国の地元の銀行か、ヨーロッパの投資家(主にはＤＦＩとよばれるヨーロッパ各国の政府系開発金融機関や、ＭＩＶとよばれるマイクロファイナンスへの投融資に特化した民間のファンドなどです)などから提供されています。

途上国の地元の銀行は地元の人々の預金を預かり、それを私たちに転貸しています。ヨーロッパのファンドは、ヨーロッパの年金基金や個人などからの資金を預かり、それを私たちのグループに融資しているわけです。

なお、こうやって資金源をたどると、資金源となっているのは最終的には必ず個人となります。将来的にロボットに所有権が与えられでもしたら話は別ですが、最終的な資金源が人間以外というのは原理的にありえません。私たちくらいの事業規模の会社であっても、その背景にはそれこそ数億人の人々のお金があるのです。

「すべての金融事業者の最終的な資金の拠出元は常に個人である」というのは、きわめて重要なポイントだと思います。なぜなら、人々の考えが変われば、それによって資金の流れは変わり、それは社会を変えていくからです。

たとえば、最近は若い世代を中心に社会的な意義があるものにお金を使いたいという人が増えています。こういう流れが大きくなると、商品やサービスを販売する事業者や金融機関もそれにあわせて行動を変えることになり、それによって社会はすこしずつ変わっていくわけです。

この点については終章で詳しく記します。

3　お金がスムーズに回るためには金融システムが必要

金融システムとは

ここまで、お金がどのようにして世界を回っているのかについて書きました。お金がスムーズに回るためには、金融システムがきちんと機能している必要があります。金融システムというのは、先に述べた金融取引がスムーズに行われることを担保している一連の仕組みのことです。その主な構成要素は、金融資産、市場、金融機関、規制当局となります。途上国における金融包摂の課題を理解していただくためには、この点を理解することが必要なので、必要最低限の手短な説明をします。

金融資産、市場、金融機関、規制当局

金融システムの第一の要素である金融資産は、金融取引の対象となるものです。預金、株式、社債、融資債権、外国通貨、最近では暗号通貨なども含まれます。これらはすこしずつその種類を増やしてきています。なお、金融資産の特徴はそれそのものに価値がないことです。先に

お話ししたように、それそのものに価値があるものを実物資産とよびます。たとえば、ＰＣは実物資産になります。

なお、この「金融資産そのものに価値がない」という説明は、厳密に考えるとかえってわからなくなっていきます。というのも、特に個人については、たとえば「応援したい会社の株式を買う」「応援したい会社のクレジットカードを積極的に使う」というようなことがよく起きるからです。こういった行動は、金融資産が実物資産的な側面ももっていることを示唆しています。というのも、金融資産は本来的に何らかの満足感をもたらさないものなのに、この場合には人々に満足感を提供しているからです。このように、実世界において厳密に金融資産と実物資産を分けるのは難しい場合があります。

第二の要素は市場《しじょう》です。人々が金融取引をする場所を市場（マーケット）とよびます。株式市場がいちばんイメージしやすいと思いますが、他にも社債や国債を取引する市場や、為替取引をする市場などもあります。

第三の要素は金融機関です。先ほども説明しましたが、すべての金融取引の始点と終点は常に個人です。そして、多くの場合、その個人と個人の間に金融機関が介在しています。たとえば、日本に住む個人が途上国の農村に住む人に直接融資をしようとするのは現時点では現実的ではなく、そのために当社のグループ会社のような金融機関が間に介在することになります。銀行、証券会社、ノンバンク、保険会社などはすべて金融機関です。

そして第四の要素が規制当局です。日本であれば金融庁や日本銀行などが規制当局にあたります。いまのところ、規制当局がない金融システムは世界のどこにも存在しません。規制が弱いとされる暗号資産領域においても、暗号通貨の取引所は基本的に規制当局の監督対象となっていますし、今後多くの人が取引に参加するようになれば、一般消費者保護のために規制はさらに厳しいものになることでしょう。

市場が効率的かつ安心して取引できる場所になるためには、知識の少ない個人を騙すような詐欺まがいの行為や、ズルをしてお金を儲けるような行為は摘発されないといけません。また、金融機関がその顧客の利益のために忠実に行動するように監督をする人も必要です。いかに自由市場を信奉する経済学者であっても、規制当局を完全に撤廃しようという考えを持っている人はほとんどいません。

まとめると、金融資産の取引を行う市場があり、個人の代わりに仲介の役割を果たす金融機関があり、また、市場に参加する個人や法人、市場の仕組み、金融機関の仕事をチェック、全体の制度を整備する規制当局がある。これらがそろってこそ、金融システムは機能するようになります。
これらのどれかひとつでも欠けていたり十分でなかったりすると金融システムはきちんと機能せず、結果としてお金が世界をスムーズに回ることはきわめて困難になります。

信頼は金融システムの土台

金融システムもお金と同様に信頼の産物です。人々が金融システムを信頼しなくなると、金融システムは機能しなくなり、それは結果として資金循環を滞らせます。たとえば、大勢の人々が、「銀行に預けているお金が危ない」と思うようになれば、銀行で取り付け騒ぎが起き、それによってひとつでも大きな銀行が破綻すると、金融システム全体が混乱を起こします。資金循環が滞ると、当然ながら人々の経済活動は停滞し、それはすべての人に経済的な損失をもたらします。

だからこそ、政府は金融システムが信頼されるために力を尽くしているのです。「Too Big To Fail（大きすぎてつぶせない）」と揶揄《やゆ》されるような、政府による巨大金融機関の救済も、それを行わないと金融システムに対する信頼が一気に毀損《きそん》されてしまうかもしれないからです。他にも、企業に情報公開を要請すること、インサイダー取引を厳しく取り締まること、金融機関を経営するには免許を必須とすることなど、様々な取り組みがなされています。

もし規制当局がきちんと機能していなかったら、世の中は詐欺まがいの(もしくは詐欺の)金融商品であふれてしまうことでしょうし、そうすると人々は金融機関を信用しなくなり、金融取引に参加しなくなります。結果として金融システムは崩壊してしまうことでしょう。イノベーションを推進するために規制緩和を叫ぶ人々は、往々にして規制当局を悪者にしがちですが、普通の人々が騙されたりしないように努めている規制当局がいることで、金融システムは多少の不便を抱えながらも信頼され続けているわけです。もし一部のテクノロジー企業らが規制当局を牛耳るようなことになったら、世界は一気に不安定なものになるでしょう。幸いながら、主要国ではそのような状況はほとんど生じていません。

途上国における金融システムの弱さ

途上国で金融包摂が簡単に実現しない理由のひとつは、こういった金融システムがまだ完全でないことにあります。実際に私が現地で経験してきたことを踏まえながら、途上国の金融システムの脆弱さについて書いておきます。

まず、途上国においては先進国ほどに税収がありません。税金を人々から徴収するには多くの徴税人を雇用しないといけませんが、人々の所得が少ないため、こういった徴税人を雇用することが割に合わないからです。ですので、往々にして途上国における主な税収は関税などの比較的容易に徴収できるものになりがちです。

政府の税収が少ないと、規制当局で働く人々を多く雇うことができません。ですので、先進国水準での金融規制を実施するのは困難になります。規制が弱いと、市場があっても人々は安心して取引に参加することができないので、途上国における株式市場は規模がとても小さい場合がほとんどです。たとえば２０２４年現在、カンボジアの証券取引所に上場している企業は11社しかありません（東京証券取引所には約４０００社が上場しています）。

金融商品が存在するのも、それが会社法をはじめとする法律によって規定され、その法律に書かれていることを実行する規制当局があるからですが、それも途上国では十分でない場合が少なくありません。

日本では金融機関が破綻しても一定金額までは預金が守られますが、そういった預金保険制度も途上国には存在しない場合が多く、結果として金融機関が先進国ほどに育ちにくくなります。また、一部の国では政府が前ぶれなしに金融機関を国有化したり免許を剝奪したりするので、人々は安心してそういった金融機関に投資をすることもできません。

このように様々な要因が重なり、途上国においては金融システムが脆弱であることが多く、よって金融包摂の担い手である金融機関も弱いことから、金融包摂が十分に実現されにくい状況にあります。

*

この章では、お金とは何で、お金が循環するというのはどういうことで、それがスムーズに循環するために必要な金融システムについて説明をしました。このテーマを深く掘り下げるのは本書の主題ではありませんので、可能な限り簡潔にしました。

次章では、途上国に住む低所得層の人々がどのような金融取引を行っているのかについて説明していきます。

第2章　生きるための金融サービス

1　貧困とはなにか

貧困の定義

貧困に関する研究をまとめた本の決定版ともいえる *The Oxford Handbook of the Social Science of Poverty* では、貧困のことを「リソースや能力が不足しているために、十分に社会参加できないこと」と定義しています。本書でもこの定義を採用します。

ここでいう「リソース」とは第一にはお金のことですが、それに限らず暮らしている場所の自然環境や周囲のコミュニティなど、様々なものが含まれています。

つぎに、ここでいう「能力」とは、ノーベル経済学賞の受賞者である経済学者アマルティア・センが説いた「ケイパビリティ」のことで、人が自らの潜在能力を発揮して自由に生きることができる状態を指します。すべての人がケイパビリティを備えるようになるためには一定の所得や深刻な差別の不在など、様々なものが必要となります。

そして、このリソースや能力がないことそのものではなく、それらが理由となって社会参加が完全にできないことが貧困であるというのが、本書で採用している定義が意味していることです。この定義によれば、経済的な理由で近所付き合いができない人や、差別があるためにコミュニティに入れてもらえない人は貧困状態にあるというわけです。社会的な動物である人間の不幸感は周囲の人々や社会との関係から生じるものであるという事実を、この定義はよく表現しているといえるでしょう。また、この定義に従えば、機会の平等は貧困削減の前提条件になるということが理解していただけると思います。この定義は、後にマイクロファイナンスの意義について考えるときにも重要になってきます。

ちなみに、そもそも私は貧困という言葉を好んでは使いません。所得が低いことは計測可能な事実ではありますが、それと貧しいことや困っていることはまた別の話だからです。たとえば日本では1人あたりの所得が月に約10万円未満であれば貧困層と分類されますが、その人が土壌にも水質にも恵まれた土地で、ほとんどの食料を自給自足できているとしたら、その人のことを貧しい人、困っている人とよぶのは憚《はばか》られるでしょう。とはいえ、貧困という言葉は専門用語として使われているので、本書では必要に応じて貧困という言葉を使います。

先に述べた定義の趣旨には沿いませんが、世界銀行は貧困について所得に基づいた分類をしています。この分類基準はインフレなどに従いすこしずつ変化しており、いちばん最近の基準は2022年に導入されたものです。そこでは、1日あたり2・15ドル以下で暮らす人々を極度の貧困層と定義しています（以前までは1・9ドルでした）。

とはいえ、1日を2・15ドル以上で暮らしていてもそれが裕福であるとはいいがたいので、世界銀行はもうふたつ基準を設けています。それが、3・65ドル、6・85ドルです（以前は3・2ドル、5・5ドルでした）。この基準は購買力平価ベースで決まり、前回の基準更新もその変化によって変わったものなので、ウクライナでの戦争をきっかけに世界的なインフレが進むなか、貧困の定義はまた変化していく可能性が高いです。

なお、購買力平価ベースの所得というのは、ある国の物価に合わせて調整された所得のことです。たとえばA国だと100円で米が1キロ買えて、B国だと0・5キロしか買えないとしたら、所得が同じ1万円でも、A国とB国では暮らし向きが違ってくるでしょう。それを調整するために購買力平価ベースでの所得を計算するのです。この差はときにかなり大きく、たとえばインドでは2023年における1人あたりGDP（所得とほぼ等しいです）は名目では

2485ドルですが、購買力平価ベースだと1万166ドルと4倍以上に開いています。なので、先に述べた6・85ドルの貧困線は、インドであれば額面2ドル以下（1ドル150円だとしたら300円）で暮らすことを意味しています。インド各地で普段からモノの値段を聞いて回っている私からすると、現在のインドで1日300円以下で生活するのはきわめて困難なことであり、この購買力平価ベースの貧困線は全般的に引き上げたほうがよいと思っています。

私が泊めてもらった家族の経済事情

冒頭でお話ししたように、私はどこかの途上国で新しく仕事を始めるときは、その国の低所得層である人の家に泊めてもらいます（軍政の影響が残っているミャンマーでは宿泊が難しかったのでできませんでした）。そうしていると、だいたいの生活実感がわきます。

たとえば、ある国では4人家族で世帯所得が平均して月に60ドルのお家にお世話になったことがあります。計算すると、1人あたりの所得は15ドルで、1日0・5ドルで暮らしていることになります。その国の購買力平価ベースだと2ドル程度です。

お父さんは石切り場で働いており、お母さんは子どもの面倒を見ながら畑で野菜を栽培しています。石切りの仕事には波があり、工事などが盛んに行われる暖かい時期には商売がはかどりますが、そうでない月には給料をもらうことができません。先に話した60ドルというのは平均の話であって、日本で働く多くの人のように毎月決まった額がもらえるわけではありません。日本にあるような雇用保険は当然にありません。

家は借家で、家賃が毎月10ドル必要です。場合によっては家賃を滞納しないといけないこともあります。残った50ドルのほとんどは食費に消えます。食事は米とパンが主体で、ときどき自分たちで栽培した野菜が加わります。米は1キロあたり2ドルします。20キロ分買えば、家賃支払い後に残ったお金のほとんどがお米代に消える計算になります。肉などが食べられるのは特別な日だけです。数日間収入のない日が続いたために、ご飯が食べられない日もあります。

子どもは10歳と8歳で、ふたりとも学校には通っています。幸い学費はほとんどかかりませんが、新学期になれば教科書代やノート代などをなんとか工面しないといけません。今はまだ小学校なのでよいですが、進学するに従い、支出がかさむだろうことに頭を痛めています。

子どもたちも引け目を感じながら暮らしているようです。周囲にはもっと所得の高い家庭もあり、そこの子どもたちは持ち家に住み、スマホも持っています。比較的裕福な家の子どもたちがスマホのアプリで遊ぶなか、私がホームステイした家の子はその輪に入っていくこともできません。また、私がホームステイをした日は、近所で結婚式のパーティーがたまたま開催さ

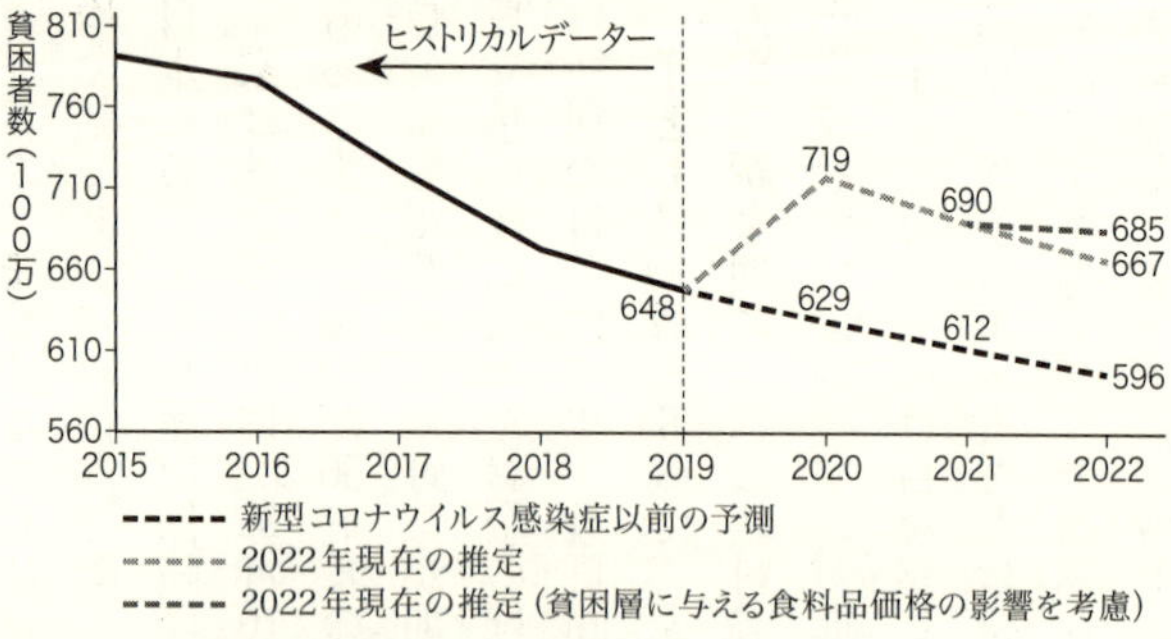

図 2-1　世界の貧困者数
出典：“Poverty and Shared Prosperity 2022”, p. 35

れていました。こういったイベントに参加するには少なくとも御祝儀が必要で、それが払えないと、近所付き合いももっと難しくなっていきます。

世界の貧困状態にある人の数

世界銀行によると、2019年時点で極度の貧困状態にある人は世界に6・48億人います。極度の貧困層の数は減り続けてきましたが、新型コロナウイルス感染症のパンデミックの影響により2022年にその数は6・67億人に増えたと推計されています（**図2-1**）。地域としては、南アジア、東南アジア、アフリカがそれぞれ4分の1ずつで、残りが世界のその他地域によるものです。

また、3・65ドル未満の人は約20億人（地球人口の約4分の1）、6・85ドル未満の人は約35億人（地球人口の半分弱）います。先にも述べたように、ここでいう6・85ドルは購買力平価ベースのものです。往々にして途上国の購買力平価ベースのGDPは名目GDPの3倍前後ですので、名目ベースでいうと1日2・5ドル以下で暮らす人が世界人口の約半分いるということになります。お金があれば民間人であっても宇宙旅行ができるようになり、新型のウイルスに対するワクチンを1年もかからず開発できるようになった現代においても、多くの人がその恩恵に預かるような生活ができていないわけです。

本書の主題ではないので、詳しくは述べませんが、先進国も貧困から無縁なわけではありません。もちろん、先進国において1日6・85ドル未満で暮らす人はとても少ないですが、生活に必要な支出がはるかに大きな先進国においては、その所得の少なさゆえに社会に参加することが難しい人々が少なくありません。関心をもたれた方は、たとえば拙著『ルポ　児童相談所』を読んでみてください。

2　貧困層の人々が用いるインフォーマルな金融サービス

金融包摂の世界的な研究者・実務家であるスチュアート・ラザフォードは、このような貧困層の人々の金融ニーズについて様々な本にまとめています。イギリス人ながらベンガル語を使いこなし、バングラデシュで長年貧困層の金融包摂に取り組んできた彼の研究をベースに、貧困層の人々が直面する金融取引のニーズについて説明していきましょう。

「少ない」だけでなく「不安定」な所得

まず、貧困層の所得にはふたつの特徴があります。ひとつは所得そのものが少ないこと。これは多くの人が知るところです。

ただ、もうひとつ重要な点があります。それは所得が不安定なことです。

この所得の不安定さは、所得そのものの低さと同じくらい深刻な問題なのです。たとえば、貯蓄がなく福祉も存在しない社会で3週間収入がなくなると、餓死するリスクなども具体的な懸念になってきます。

往々にして、定常的に得られる収入をベースにものを考えがちな先進国の人々は、所得について「年間所得」という単位でとらえがちです。しかし、そういった考え方には大きな落とし穴があります。先進国に住む研究者の多くは安定した給与収入を得て生活をしていたので、この点について見落としていることが少なくありませんでした。

少なく不安定な収入構造をしている貧困層の人々にとって、まず解決しないといけないのは資金繰りです。なんとか資金繰りをして、少なくとも自分たちが餓死しないようにしないといけません。

そして、子どもたちに可能な限りよい教育を施すことが、往々にして次の目標になります。私が訪れたどの家庭でも、家計支出の優先順位の第一は食費、第二は学費でした。いずれにせよ、何らかの形で、日々の小さく不安定な所得をうまくやりくりして、様々な目的に資するかたちでまとまったお金を得るということがゴールになるわけです。

銀行口座のない人たち

金融取引というものは、異なる時点間で資金をやりとりするものです。借入、預金、保険など、すべてこの性質を有しています。たとえば、資金繰りの心配がある企業であれば、いちばんよく使われるのはクレジット・ラインとよばれるもので、それはたとえば1億円まではいつでも銀行から資金を借りることができる、というようなものです。個人であれば、クレジットカードの与信枠が同じ役割を果たしています。

しかし、多くの低所得層の人々は、そういった銀行からサービスを受けるための前提となる銀行口座すら有していません。日本においては、銀行口座の開設も維持も無料ですが、多くの国では口座の開設にそもそも手数料がかかり、口座を維持するだけでお金がかかることも少なくありません。それに加えて、多くの銀行支店はこうした低所得層が暮らしている場所から遠く離れており、金融サービスの利用はきわめて困難になりがちです。

そんな中で、途上国に住む低所得層の人々は、生きるためになんとかして資金繰りをしないといけません。所得が不安定なだけでなく、出費も一部はまったく予想しないかたちでやってきます。仕事道具であるバイクが壊れたり、子どもが重い病気にかかったり、家族が亡くなったり。国によっては、葬式は結婚式以上に大きな出費を伴う行事です。

そのような状況にあるため、途上国に暮らす低所得層の人々は私たちには見慣れない金融サービスを用いてきました。ここで述べるようなインフォーマルな金融サービスを総動員して、なんとか資金繰りをしてきたわけです。

知り合いどうしの無利子の貸し借り

まずは家族・親族・近所の人との無利子での資金の貸し借りです。

金利はつかず、返済期限も口約束で頻繁に変更されます。こういったローンをバングラデシュではホーラットとよんでおり、ラザフォードがバングラデシュで低所得層を対象に行った詳細な調査によると、全体の借入総額の2割を占め、取引頻度においては、全体の金融取引回数の半数以上を占めています。というのも、後に述べるマイクロクレジットが比較的大きな金額の融資になるのに対し、ホーラットは必要な金額だけを借りる小規模かつ高頻度の取引になりがちだからです。

なお、ある人が一方的にお金を借りつづけるということは非常にすくなく、ほとんどの人が一方で誰かにお金を貸し、他方で誰かにお金を借りています。これは、先に述べたように、収入にバラツキがあるため、ときに資金が不足し、ときに資金が(周囲に較べて)余剰するというのが理由です。マイクロファイナンス機関から事業目的という名目で融資を受けて、それを親戚に又貸しする、といったことも(マイクロファイナンス機関側は望んでいませんが)よく見られます。

日本のようにお金の貸し借りが忌避されている国では「家族まではまだよいとして、親族や近所の知り合いとお金の貸し借りをしてよいのか」と疑問を持たれるかもしれません。お金の貸し借りは人間関係のトラブルのもとになるからです。私も子どもの頃に「友だちとお金の貸し借りは絶対にするな」という教育を受けていました。

もちろん、途上国の低所得層たちも同じように考えています。できることなら、面倒の多い個人間のお金の貸し借りなどはしたくないのです。ですが、身近にアクセスできる金融サービスがなければ、生きるためにそうせざるを得ないのです。

なお、これは日本でも観察されることです。私は日本の貧困世帯についても多く見てきましたが、低所得層の人々は、高所得層の人々に較べ、周囲の人々とお金の貸し借りをすることが多いようです。これは、貧困が社会関係にもたらすひとつのコストとも言えるのかもしれません。

デポジット・コレクター／マネー・ガード

次に紹介したいのは、集金屋(デポジット・コレクター)や、マネー・ガードとよばれる人々です。

この人たちは往々にしてユーザーの親戚や長年のお隣さんで、家々を訪ねてまわり、とても小さな金額、たとえば毎週100円ずつを集金していきます。100円を集金する手数料として、たとえば5円が徴収されます。

50週間つづければ、支払った総額5000円に対して、自分の手元に残るお金は4750円。預金なのに金利はマイナスということになります。

低金利下の日本においても、資金総額が減るような預金をする人はほとんどいないでしょう。しかし、この集金屋は相応に人気を集めています。なぜでしょうか。

それは第一に、お金を貯めるという行為は、必要性がわかっていてもひとりだとやり抜くことが難しいからです。特に低所得層の場合は、ちょっとお金があれば使いたい先はいくらでもあります。それを我慢して、まとまったお金（たとえば子どもの入学金など）を工面するのはとても大変なことなのです。そんななかで、預金の規律を保つために、こういった外部者の助けを借りているわけです。体重の減量は本来ひとりでできるのに、高いお金を払って痩せるためのプログラムを受講するのに似ているかもしれません。

これは本書で何度も取り上げることですが、人間の動機づけに影響を与えるもののひとつは人間関係にあり、それをうまく活用することが、金融サービスのデザインにおいて重要な役割を果たしています。

デポジット・コレクターが人気を集めるもうひとつの理由は、お金を安全な場所にとどめるということが、銀行口座を持たない人にとっては難しいからです。まとまったお金があると、身近な人を含めた誰かが、それを知って持っていってしまうかもしれません。

第三の理由はこのサービスが手軽であることです。集金屋はいつも家の玄関にまで来てくれるので、ユーザーは預金をしに移動したり、金融機関の支店などで待たされる必要がありません。これは、店の運営などで忙しい人には好都合です。

そして最後の理由は、そもそも金融機関の多くは最小取引単位を設けており、少額の預金を受け付けてくれない場合が多いからです。

だからこそ、人々は手数料を払ってでも集金屋を利用するわけですが、これは、途上国に住む貧しい人々にとって、いかに金融サービスが大切なのかを教えてくれます。

「極度の貧困層は預金などをする余裕がない」という言説がありますが、それは誤りであることは多くの事例が示しています。低所得層の人々は、手元にある数十円単位のお金を、可能であればきちんと預金して将来に備えたいと考えています。資金繰りに文字通り命がかかっている彼女・彼らは、この本を読んでいる多くの人々より、はるかに真剣に自らの資金繰りを考えています。そして、リスクを負って真剣に考えている人は、そうでない人よりはるかに賢明な意思決定をするものです。

それでも理解が難しいのであれば、今のように治水設備が揃っていない時代に、雨量が少なく不安定な土地で農業をしていると考えてみてください。そこに暮らしている人はなんとか知恵をだして、少なく不安定な雨水を貯めたりしながら農業をしようとすることでしょう。

彼女・彼らが先進国の人から見ると奇妙な金融行動をしているかのように映るのは、取引単位が小さくアクセスもしやすい金融サービスを利用できないという、現実的な問題があるからです。

貯蓄クラブ／ロスカ（ROSCA）／原始的な信用組合

途上国の低所得層の人々がよく用いる金融取引のもうひとつは、貯蓄クラブやROSCA《ロスカ》（回転型貯蓄信用グループ）とよばれるものです。これは世界中に存在し、現代日本でも講《こう》という形で存在しています。無尽講《むじんこう》、頼母子講《たのもしこう》ともよばれます。

様々な類型があるのですが、基本的に次のように設計されています。

- まずは、村の中で参加者を募る。制度設計上参加者数は最大でもクラスの人数くらい。
- 参加者は、毎月もしくは毎週の決まったタイミングで集まる。そこでそれぞれが約束したお金を支払う。参加者数が50人で、毎回のメンバーによる支払いが１００円であれば、集まるお金は毎回５０００円となる。
- その集まったお金を誰かが持っていく。誰が持っていくのかを決める方法は、事前に決めておく、くじ引き、オークション形式（たとえばお金がいま欲しい人が、お金を引き取る権利を得るためにお金を払う）、など様々。

- 全員が一度ずつ約束されたお金を受け取ったタイミングで、クラブは一度終了。たとえば、参加者が50人で集会が毎週開催され、お金を引き取る人が毎回1人ということであれば、この貯蓄クラブは50週間で終了となる。

日本におけるインフォーマルな金融取引を描いている人気マンガ『闇金ウシジマくん』にも、無尽の様子は出てきます。先進国でも途上国でも、この貯蓄クラブには様々な人たちが、様々な動機で参加しています。皆に共通しているのは、まとまったお金が必要であるということだけです。

一度お金を受け取った参加者が途中で逃げ出してしまうと、貯蓄クラブは成立しなくなってしまいます。だからこそ、貯蓄クラブの参加者は一定人数を超えることがありませんし、基本的に村の知り合いどうしになります。村のコミュニティはきわめて強いものなので、資金を途中で引き出して逃げ出すのが割に合わないように設計されているわけです。

この貯蓄クラブは、信用組合の原型です。たとえば、二宮尊徳が１８２０年に設立した信用組合は五常講《ごじょうこう》とよばれました(なお、当社名が五常・アンド・カンパニーなのはこの五常講に由来しています)。

貯蓄クラブの優れている点は、村の人たちだけで完結して、余計なコストがかからないことです。支店従業員も、金融機関の基幹システムも何も必要なく、村の人々の人間関係と、相互に出し合う労力によってすべてが完結するので、ある意味でとても効率的な仕組みです。言い換えると、仲介業者が存在しないお金の地産地消の仕組みともいえます。

一方で、もちろん制約もあります。貯蓄クラブはその構造上、参加者数を顔の見えない大人数にすることが難しく、結果として柔軟な設計をしにくいことです。また、貯蓄クラブでは、毎回支払う金額も、受け取ることのできる金額も固定されています。オンラインで簡単に定期預金の毎月の積立額を変えたり、自由に好きなタイミングで引き出すというようなことはできないわけです。

換金性の高い資産購入

また、私たちは貯蓄というと、お金を貯めることだと考えがちですが、途上国に住む低所得層の人々にとって、貯蓄手段はお金を貯めることでないことが少なくありません。

その理由は銀行預金というのが彼女・彼らにとって使い勝手がよくないことが多いということや、通貨に対する信頼が低いことなどにあります。

非金銭的な貯蓄手段としてよくあるものは、たとえば貴金属を購入することや家畜を購入することなどです。

貴金属の中でも特に人気があるのは金です。特に南アジアやミャンマーであれば、人口の半分くらいの人々が金を預金の代わりに用いています。東南アジアであっても、たとえばカンボジアなどで私たちが行った調査によると、約3分の1の人々が銀行預金をする代わりに金や宝石を購入していました。

金の価格は多くの途上国通貨よりも安定している場合が多く、かつインフレが起きても現地通貨のように価値が下がることもありません。それに加え、金にはもちろん所有欲を満たすという側面もあります。

貴金属、特に金を購入するというのは、消費であり貯蓄でもあるのです。もちろん、貴金属には盗まれてしまうリスクなどがあり、決して安全な貯蓄手段とはいえないのですが、それでも貴金属が貯蓄手段として用いられていることに、私も含めた金融事業者は学ばないといけないのだと思います。

他にある非通貨貯蓄手段は家畜を買うことです。種類にもよりますが、乳牛や卵を産むニワトリである場合、これらは毎日のように収入をもたらしてくれます。また、ある程度育てた後であれば、売ることもできます。まるで、毎日配当を支払ってくれて、値上がりも見込める株式投資をしているかのようです。

国によって相場が違いますが、ニワトリはだいたい1000円くらいで買えます。卵は年に200個ほど産みます。卵は10〜20円で売ることができます。また、卵から雛がかえった場合、半年すれば、その育ったニワトリを売ることができます(メスのほうが高く売れます)。ニワトリの寿命は5〜10年程度です。リターン的には、雛を育てたほうがさらに収入が上がりますが、その時の懐具合に合わせて卵を売ったり、雛を育ててから売ったりします。実物投資として考えたら、投資リターンは100%を軽く超えます。

牛を買う場合も多いです。仔牛の値段はだいたい2万円くらいですが、18カ月すれば成牛になり、出産したあとには乳が出るようになります。そのタイミングであれば8万円で売れますが、繁殖させることもできます。健康な雌牛は毎年仔牛を1頭産みます。寿命はだいたい10年くらい。牛にはさらに、農業を手伝ってもらうこともできます。

家畜も当然ながらインフレ耐性が強く、インフレが起きればその分値段が上がります。貴金属に比べると盗まれる心配は少ないですが、事故や病気などで亡くなってしまうのがリスクです。

貴金属であっても牛であっても、家計が資金繰り難に陥ったときにはすぐに売ることができるのがポイントです。銀行預金に較べれば時間はかかりますが、数日あれば現金化することができ、かつ保有期間中に満足感や収入をもたらしてくれるという点で銀行預金にはないメリットがあります。

マネー・レンダー

ここまでは先進国における預金に相当しているサービスを紹介してきましたが、借入に相当するサービスもいくつかあります。マイクロクレジットについては後に紹介するので、ここでは省きます。

まず、先に述べた貯蓄クラブから早期に資金を引き出すことは借入に該当します。貯蓄クラブ開始第1回で資金を引き出すのであれば、それは借入に他ならないでしょう。なお、貯蓄クラブによっては、本人が望んで早めに資金を引き出す場合、利息が要求されることもあります。金利は数%から数十%にもなります。

他にあるのは、村の金貸し（マネー・レンダー）から借りるというものです。だいたい相場は、年ではなく月に10～30％、複利計算はされないことがほとんどです。たとえば、100ドルを借りれば、毎月10ドルが利息としてつきます。1カ月で返済するのであれば支払額は110ドル、2カ月で返済されるのであれば120ドル、という具合に増えていきます。

多くの場合、支払いが滞っても遅延損害金などはつきません。たとえば、100ドルを借りて、最初の2カ月間は一切支払いをせず、3カ月後に全部返済をしたとしましょう。この時に支払わないといけない金額は130ドルです。100ドル×1・1×1・1×1・1＝133ドル、という返済額にはなりません。

マネー・レンダーからの借入はかなりの高金利になります。なので、先進国に住む人々からすると、なぜこのようなサービスを利用するのか理解に苦しむ人もいるかもしれません。ただ、それには次のような理由があります。以下は、私が実際にマネー・レンダーからお金を借りている多くの村人たちから聞いた話をまとめたものです。

●マイクロクレジットを含むフォーマルな借入の審査期間は往々にして長い。書類を全部そろえてから1週間くらいかかることが多いし、そもそも審査が通るかもわからない。一方でマネー・レンダーは一瞬で融資可否を教えてくれる。資金使途がうるさく問われることもない。

● 借入直後から返済が発生し、一度でも延滞すると問題扱いされ、融資担当者から叱責されがちなマイクロクレジットに比べ、マネー・レンダーからの借入は金額や期間において柔軟であり、後でまとめて払う限り延滞しても咎められない。

● マイクロファイナンス機関を含む金融機関からの借入には往々にして最低金額があり(100ドルから300ドル程度)、返済期間も定められていて(たいてい12カ月以上)、早期返済も許されていない。なので、「3カ月で返せるので50ドルだけが必要」というような人にとっては、マネー・レンダーからお金を借りたほうが節約になる。

なお、途上国におけるマネー・レンダーは、反社会的勢力まがいの闇金業者という感じではなく、村にいる普通のおじさん・おばさんたちが大多数です。先に近所の人や親戚どうしのお金の貸し借りがあると説明しましたが、その中には金利を取る人もいる、ということをイメージしてもらうとよいかもしれません。たとえば、村で小さな雑貨屋さんをしている人が、支払いをツケにするかわりに利息をつけるということもあります。

ただし最近は、途上国においても個人での金貸しが禁止される傾向にあり、そうなった国においていまだに存在しているマネー・レンダーはマフィアのような存在になっていきます。このあたりは大麻に似ていますね。合法であれば、普通の人たちが普通に取引をしているだけなのが、違法化されると、逮捕されることも辞さない人たちだけが残るわけです。

3　低所得層にとって、預金と借入は似ている

途上国で金融包摂の仕事をしていると気づくのですが、その日暮らしを余儀なくされている低所得層の人々は、預金と借入をあまり区別していないようです。

というのも、これらはすべて「少額かつ多くの支払いと、まとまった受け取り」で構成されているという点で同じだからです。

もうすこし具体的に説明しましょう。

借入であれば、まずは現金受け取りがあり、そして返済満期までの間になんども返済(支払い)が発生します。預金であれば、まずは日々の少額現金支払いがあり、そのあとにまとまった現金受け取り(預金引きおろし)がやってきます。貯蓄クラブであれば、クラブの存続期間中

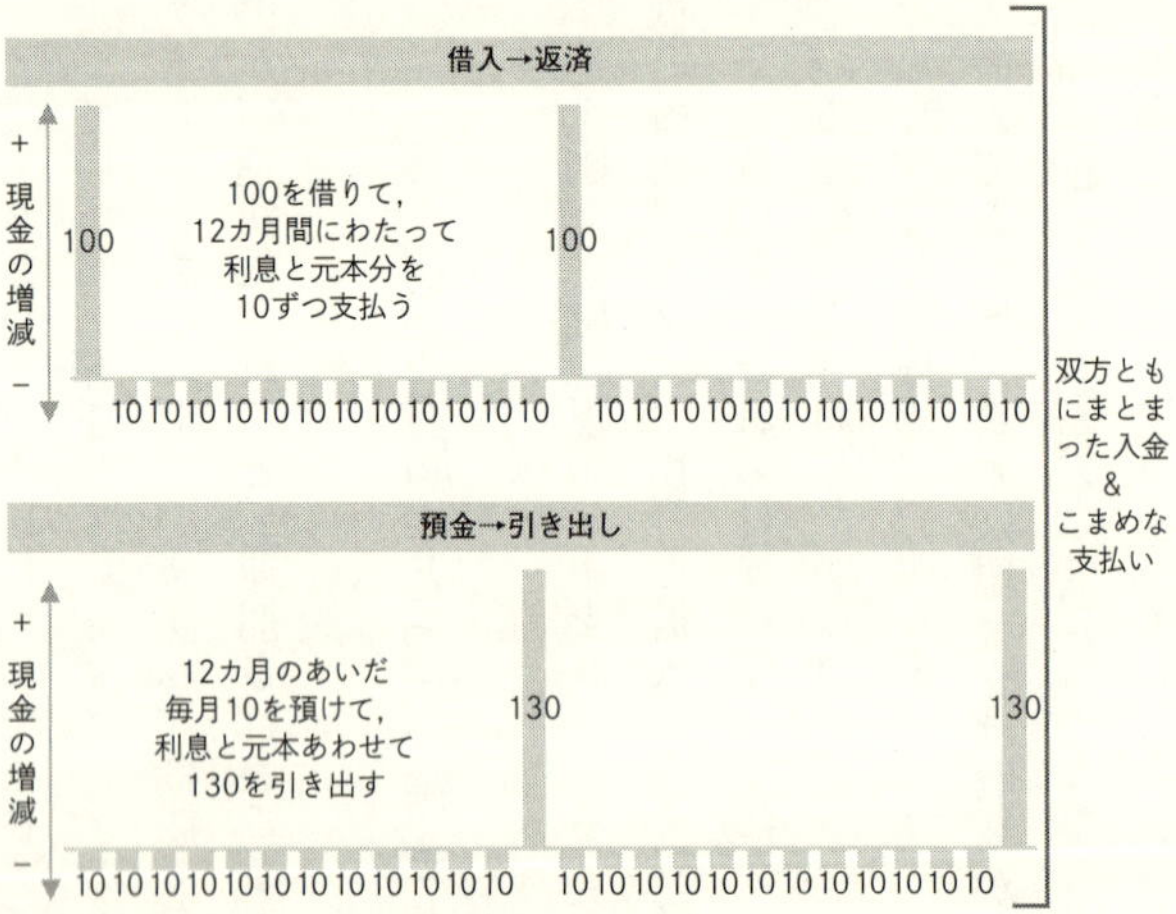

図 2-2　借入→返済と預金→引き出しにおけるお金の流れ

は常に細かい支払いがあり、一度は大きな受け取りがあります。図にしてみると次のようになります（**図 2-2**）。

それでも、日本に住む人たちにはあまりピンとこない気がします。「預金では利息が受け取れるのに、借入では利息を払うことになる。現に借入であれば１００の借入に対し、総額１２０を返済しないといけないのに、預金であれば１２０預けた元本は減らないし、利息も10つくので、まったく別物ではないか」と思う人は多いでしょう。

しかし、それはある程度資金的に蓄えがある人の話なのです。その日暮らしに近い生活をしている人々にとっては、「いま手元にお金があるかどうか」が重要なのであって、それにまつわる利息や手数料についての考えは後回しにされがちです。

　この切迫感はたとえば、喉がカラカラに乾いている登山者が山小屋で1リットル1000円のペットボトル水を買うのに似ているかもしれません。資金繰りが大変な人にとっては「いまこのタイミングで資金があること」が文字通り死活レベルで重要なわけです。たとえば、子どもが病気になってしまい今すぐ薬を買わないといけない、親族に不幸があり今すぐその人の住んでいた村に行かないといけない、というような状況においては、金利についての勘定は後回しになります。

　途上国の低所得層にとっての金融サービスを理解するうえで大切なことは、この切迫感ではないかなと思うこともあります。毎日が生存のための厳しい闘いである人とそうでない人とでは、意思決定の性質が変わるのです。

　当然ながら、大勢の人々が、貯蓄をしたほうが賢い選択であることはわかっています。しかし、不規則な収入と支出に直面しながら、預金を続けることはきわめて大変なことなのです。だからこそ、先に述べたマネー・ガードのような商売が成立するわけです。

4　低所得層向けのフォーマルな金融サービス

次章でマイクロファイナンスの歴史について詳しく話しますが、その前に、現時点でマイクロファイナンス機関らが提供している低所得層の人々向けの金融サービスを紹介し、それらの意義について話しておきます。

なお、後述するようにマイクロファイナンス機関といっても銀行ライセンスを有する大組織から小規模の無免許NGOまで様々なものがありますので、ここでのマイクロファイナンス機関とは、途上国の低所得層に対しても金融サービスを提供している金融事業者というように理解してください。

借入——マイクロクレジット

日本では、マイクロファイナンスといえばマイクロクレジットと思われても過言ではないといえるでしょう。特に日本では有名なムハマド・ユヌス氏が創業したグラミン銀行によるマイクロクレジットが有名です。

先にも述べたように、途上国に住む人たちにとっての借入取引は、親族や隣人およびマネー・レンダーからの借入や貯蓄クラブで初期に引き出すことのみでした。親族や隣人からの借入は相手の懐次第なので安定しません。マネー・レンダーからはすぐに資金が得られますが、金利は月利で10％を超え、金利負担がとても高くなります。貯蓄クラブから初期に資金の割当を受けられたら良いですが、他にも同じように初期に資金が必要な人がいると、自分の番が回ってくるまでかなり長い時間がかかるかもしれません。

これに較べて、マイクロクレジットの場合、いくつかの要件を満たせば1週間くらいで資金を借りることができます。また、他のインフォーマルな金融取引と較べて、一度約束された融資はほぼ間違いなく実行されるので安心感もありました。金額も、近所の人やマネー・レンダーから借りるよりも大きなものにすることができたので、事業投資などを行いたい場合には都合のよいものでした。結果として、マイクロクレジットは多くの人に受け入れられるようになり、途上国の低所得層が用いる借入のひとつになりました。

マイクロクレジットの金額はだいたい100ドルから1000ドル、満期は半年から3年くらいが圧倒的に多く、用途は(すくなくとも公には)主にビジネス向けですが、他にも予定されていた結婚式などの行事や家の修繕などにも用いられます。

金利はアジアであれば年率で30％前後が多く、アフリカではさらに高くなります。

なお、アジア途上国で30％の金利というのは、現在の日本の感覚的には5〜6％程度に近いと思います。「決して安くはないが、法外に高いわけでもない」というものです。このあたりの金利感覚については後に書きますが、物心がついたころから低金利しか記憶になかった日本に住む人たちにとってはなかなか馴染みがないものでしょう。かくいう私も、この感覚に慣れるのに時間がかかりました。

伝統的なマイクロクレジットの返済率は世界平均で97％以上と、とても高い水準で推移してきました。特に新型コロナウイルス感染症のパンデミック以前であれば、返済率が99・5％ということも珍しくありませんでした。

高い返済率の理由は、マイクロクレジットの返済方法にあります。

まず、伝統的なマイクロクレジットにおいては、お金を借りる人は複数人で相互に連帯保証をして、お金を借りることになっていました。すなわち、グループでお金を借りて、あるメンバーが返済をできない場合、他のグループメンバーが返済をすることになります。ちなみに、このグループ連帯責任には様々なタイプがあり、最近では全借入期間ではなく、最初の2カ月のみとか、一度ローンを完済したら次回からは連帯保証が不要になるなど、様々な形態があります。

なお、世界全体でもグループ連帯責任は縮小傾向にあります。主な理由としては、既存の借り手たちが返済を続けるうちに信用力が向上し個人で借りられるようになっていることがあげられます。当然ですが、望んで連帯保証人になろうという人はいませんので、連帯保証が要求されなくなれば、それはなくなっていきます。

また、往々にして返済は借り手らの集会場において行われます。これが何を意味するかというと、返済が滞ってしまうと、他のグループのメンバーがそれを知ることになるということです。他にも、借入前に村長に報告をさせてもらう、というような場合もあります。

このような借入要件が本質的に果たしている役割は、途上国の村コミュニティに残っているソーシャルキャピタル（社会関係資本）を返済への動機づけに用いていることです。途上国の農村に生きる人たち（特に女性たち）は、往々にしてその農村で一生を終えます。よって、他の村人との関係性を良好なものに保つことはきわめて重要なことなのです。やり直しのきかない人間関係ゲームをしているようなものです。

結果として、借り手の人々はマイクロファイナンス機関からの融資をきちんと返済しようとします。というのも、村における信用を失うことは死活問題になりかねないからです。こういったことが、返済率の高さにつながっているわけです。

また、こういった仕組みを導入することで、融資をするマイクロファイナンス機関側も、審査にかける時間を減らすことができます。小口の融資がきちんと返ってくるかどうかを丁寧に審査すると、融資担当者の人件費だけで融資額の50%を超えてしまうところ、「この仕組みがあるのだから、きちんと返すであろう」と想定することで、審査プロセスを簡素化し人件費率を融資額の10%未満に抑えることができました。

マイクロクレジットが村コミュニティの信頼関係を担保にするという設計は、経済学におけるゲーム理論・契約理論の観点からも優れたものでした。この点については、ノーベル経済学賞を受賞した経済学者ジャン・ティロールも著書で言及しています。マイクロクレジットが世界中で瞬く間に拡がっていったのは、この融資設計が経済学的に頑健であったことと無縁ではないと私は思います。

ミャンマーでの返済集会の様子．5人組のひとりが前に出て，皆が見ている前でお金を返している

預金――マイクロセービング

次は預金（マイクロセービング）です。歴史的にいうと、ほとんどのマイクロファイナンス機関はマイクロクレジットを主体に事業を拡大していきました。預金はどちらかというと主要事業でない場合が多く、賃貸における敷金のように、マイクロクレジットを提供する際に強制的に預け入れさせるもの、という側面が大きかったのです。また、任意の預金を受け入れているマイクロファイナンス機関もありましたが、引き出しには制限がかかっており、決して使い勝手がよいものではありませんでした。

しかし近年においては、預金はマイクロファイナンスの事業の中でも重要な位置を占めるようになっています。これにはいくつかの理由があります。

まず、預金が低所得層の生活改善にもたらすインパクトの大きさです。後に詳しく説明するように、マイクロクレジットが直接的にもたらす貧困削減効果は限定的であるという研究も少なくありません（なお、所得改善効果がないからといって、意味がないというわけではありません）。ですが、突然のショックに対応できる、長期的に必要なものに投資ができるなど、貯蓄がもたらす貧困削減効果には、多くの肯定的な調査結果が出ています。

これは考えてみると当たり前のことで、先述のようにマイクロクレジットもマイクロセービングも「少額かつ多くの支払いと、まとまった受け取り」という点では同じですが、利息の差は大きいのです。預金金利が15％、借入金利が30％だとしたら、もしなんとか資金繰りができて、借入の代わりに預金をすることができたら、それは元本に対して45％の差につながります。そういったことで、社会的なインパクト創出に関心があるマイクロファイナンス機関は、積極的に預金業務に取り組んでいきました。

マイクロセービングに関して最も偉大な成果をだした金融機関のひとつは、インドネシアのＢＲＩです。この、１００年の歴史を有するインドネシア最大級の金融機関は、先に紹介したマネー・ガード顔負けの営業社員がインドネシア中の村を頻繁に訪問することを通じて、顧客である低所得層たちから預金を集めてきました。この預金はいつでも引き出しが可能で、ＢＲＩの従業員が訪問してきた際に声がけをすれば預金を引き出すことができました。そうすることで、インドネシアにいる数多くの低所得層に預金の機会を提供しました。

金融機関側からしてもマイクロセービングには利点がありました。それは、取り付け騒ぎ等が起こらない限り、預金は金融機関にとって低コストの資金源になるということです。

マイクロファイナンス機関にとっては資金が商品ですので、顧客に融資をするためにはどこからかお金を調達してこないといけません。資金源は大別すると、株主からの出資と積立利益に加え、負債性の資金、すなわち外部からの借入および預金となります。

ここで、預金と外部からの借入とを比較すると、手間こそかかりますが往々にして預金のほうが金利が安くなり、また大勢の人々から資金を預かるため、預金の残高は安定して推移することになります。ですので、途上国のマイクロファイナンス機関の多くは、預金と外部借入を組み合わせて負債性の資金を調達しています。

3G 電波が全く届かないインドの農村におけるマイクロセービングの集会．前方にある貯金箱に皆がお金を預ける．貯金箱は顧客が，鍵はマイクロファイナンス機関の職員が保管している

保険——マイクロインシュランス

コロナ以前、２０１４年に創業してから２０１９年まで、当社における貸倒率が全体で０・３％を超えたことは一度もありませんでしたが、それでも存在していた０・３％の貸倒れのうち、かなりの割合は顧客の健康や生命に関するものが理由でした。交通事故、ヤシの木から落ちる、落雷にあう、肝炎、

がんなど、様々な理由で顧客が亡くなります。だいたいその数は全体の0・2%程度でした。

そのなかには、日本であれば死ななかったであろうケースも少なくありません。ですが、途上国に生きる多くの人々には国民皆保険といった制度は存在しないので、多くの人がやせ我慢をしているうちに亡くなってしまう、ということが少なくありません。途上国で働くある医師は、「この国の人たちの多くは、命の瀬戸際になる直前まで病院に来ない。もっと早くに来ていたらなんとかなる場合が多いのに」と話していました。また、亡くなってしまった場合には、借入債務が免除される場合がほとんどですが、残された家族に保険金が入るということもほとんどありません。

こういった現状を変えるために必要とされているのがマイクロインシュランスです。現時点でマイクロファイナンス機関から提供されているマイクロインシュランスの大部分は、借入債務を死亡時に免除するためのものであり、それ以上の金額をカバーするものでない場合が多いです。それ以外の傷病保険や生命保険も存在はするのですが、なかなか顧客数が伸びていないというのが現状です。

顧客数が伸び悩む理由のひとつとして現場の人が話すのは、保険のコンセプトを顧客に理解してもらうのが難しいというものです。途上国の低所得層の人々の多くは、金融機関のような大組織を前にすると「自分たちが何か騙されているのではないか」という感覚を強くもっています。その人たちにとっては、毎月保険料を支払うことは精神的にかなり厳しいのです。特にこれが生命保険ともなると、保険金が支払われるのを自分は見ることがないわけです。実際に、村で誰かが亡くなり、その遺族が保険金を受け取るのを他の村人と一緒に見て、ようやく保険を信じてもらえる、という場合が少なくありません。

実際に、保険を販売しているある途上国の信用組合の経営者は、保険加入している顧客がしばしば保険を預金と混同し「私たちが払ってきた預金(＝保険料として支払われてきたもの)を引き落としたいんだけど」と言ってくることが少なくないといいます。

こういった事情と、途上国の経済成長率に伴う高金利状況を考えると、最も望ましい保険形態は養老保険でしょう。たとえば、毎年保険料を1万円ずつ、10年間保険に入るとすれば、満期には10万円が返ってくる、という保険が養老保険です。すなわち、顧客にとってこれは利息のつかない預金のようなもので、利息がつかない分、なにかあったら保険金が支払われる、というものです。

もうひとつ必要だと思われるのは、そもそもの経済発展でしょう。一般には、人々が保険に入るのはある程度普段の生活が安定してからであるといわれています。ある保険会社の役員の人と話していたときに、だいたい、1人あたりGDPが名目で6000ドルを超えたあたりから、保険の需要が立ち上がってくるという話を聞きました。

送金――マイクロレミッタンス

レミッタンスは英語で送金を意味し、マイクロレミッタンスは少額の送金のことです。

いくつかの途上国においては、出稼ぎ労働者が経済を支えています。たとえばアジアであればフィリピン、ネパール、タジキスタンなどです。フィリピンには英語が得意な人が多いため、サービス業の領域で周辺の豊かな国に働きに出るということが多いです。また、ネパール人も出稼ぎ労働者とよく知られています。たとえば、日本にあるインド料理屋のほとんどはネパール人が経営するものです(だから、ほとんどが北インド料理です)。タジキスタンは中央アジアでも最も貧しい国のひとつであり、ウクライナの戦争以前は、労働力人口の6分の1がロシアに出稼ぎに出ていました。この出稼ぎ労働者が実家に送る仕送りは、タジキスタンのGDPの20%以上を占めています。

出稼ぎは海外だけとは限りません。インドの奥地にある貧しい農村では、男性のほとんどが国内出稼ぎ労働者であることが珍しくありません。彼らはバスに乗り継いで大都市に行き、そこで賃労働に従事して、村に残した家族に送金をします。そして、往々にして女性たちは村にとどまり、痩せた土地でなんらかの農業に従事しつつ、子育てをしています。インドを新型コロナウイルスがおそったとき、インド政府はきわめて苛烈なロックダウンを課しました。多くの出稼ぎ労働者たちはバスに乗って実家に戻ることがかなわず、場合によっては数百キロを歩いて帰らなければならなくなった結果、多くの人が帰郷中の路上で亡くなりました。インドでロックダウンが始まったときに、私が真っ先に祈ったのは、家族の待つ農村に歩いて帰ることになった人たちの無事でした。

さて、外国人出稼ぎ労働者たちの地元への国際送金は、多くの場合インフォーマルな事業者によって実施されています。たとえば日本であれば、高田馬場と新大久保あたりにこういった外国人が地元に送金をするための事業者がいます。法的にグレーなのかもしれませんが、往々にして本国と何らかの貿易を行っている事業者が、貿易における決済のついでにそういった個人の送金も含め、本国に送金をしているようです。

銀行を用いない理由は、銀行送金は往々にして数千円の手数料がかかってしまい、数万円を送金しようとすると、送金代金のかなりの部分が送金手数料としてなくなってしまうからです。それに、経験したことがある人はわかると思いますが、日本の銀行口座から海外送金をするのはきわめて大変で、多くの書類を揃えて銀行の窓口に行き、たくさんの用紙に情報を記入しないといけません。日本語ネイティブの私ですら煩雑だなと感じる作業なので、日本語に慣れない外国人労働者にとっては心理的ハードルがとても高いと思います。

本来、国内送金は海外送金に較べると楽なはずなのですが、銀行の支店がなく電波も届かない農村となると話が違ってきます（途上国ではこういった農村が今も少なくありません）。こういった場所には、金融機関経由で送金をする手段がないわけです。結果的にどのように送金がなされるかというと、その村に帰る予定がある人にお金を託す、という原始的な方法で資金が届けられている場合が少なくありません。そのような送金手段を用いると、トラブルが生じることも多いです。

こういったものを改善するのがマイクロレミッタンスです。先進国間の海外送金に関しては、アプリで手軽に国際送金ができるワイズ（Wise、元の社名はTransferwise）のようなサービスがあり、価格低下が進んでいますが、同じようなサービスを地元の途上国への送金のために提供しているマイクロファイナンス機関もあります。海外に出稼ぎに出る人々はスマートフォンを持っている割合がきわめて高いので、利用率はとても高いです。

国内送金においてもこういったデジタル化は進んでいます。金融サービスにおけるテクノロジー活用が日本よりも進んでいるインドでは、数多くの事業者が国内に代理店を有しており、ある程度小さな村にもスマホがあれば送金ができるようになってきました。後述しますが、国が提供しているUPIという送金インフラは、無料で非常に早く安全な送金を可能としています。一方で、こういったスマホベースのサービスは3G回線がつながっていることを前提にしており、人口密度が低く、通信会社が電波塔を立てても採算がとれない村などでは、なかなかそのネットワーク状況が改善しない可能性があります。

以上が、途上国の低所得層の人々が用いるフォーマルな金融サービスの概要です。こういった金融サービスを用いることができると、自然災害や家族に起きた不幸などの突然のショックに対してうまく対処できる割合が高まるということが多くの研究によって示されています。

また、(日本の男女格差は途上国並の水準にあるので、こう書くのも憚られますが)往々にして男女格差が先進国よりも深刻である途上国では、こういった金融アクセスがあることが女性のエンパワメント(力を強めること)にもつながるとされています。金融アクセスがあれば、より多くの女性が自らのお金を自分でコントロールできるようになり、それが女性の経済的な自立にもつながるからです。

5　金利はどのようにして決まるのか

貸出金利が平均して30％だったグラミン銀行がノーベル平和賞を受賞したときに、日本の一部の人々は「高利貸しがノーベル平和賞をとった」とはやし立てました。なかには、「消費者金融業者がノーベル平和賞をとった」という人もいたほどです。後者は、グラミンにおけるマイクロクレジットの大半が(少なくとも審査書面上は)事業向けの融資であることに鑑みると明らかな誤解なのですが、日本では、30％＝高金利＝消費者金融というイメージがついているのでしょう。

こういった反応は、30年間ずっと金利がほぼゼロだった日本においては無理もないことなのかもしれません。ですが、経済成長が著しい途上国における30％の金利と日本のような超低金利国の30％はまったく異なるものなのです。

一言でいえば、金利水準というのは他の経済条件との相対感によって決まるものであって、ある金利水準が高いか低いかについての絶対的な基準は存在しません。

それを理解するために、金利がどのように決まるのかについて書いておきましょう。金利は大きく6つの要素で決まります。それは、①資本の限界生産性、②金融機関の資金調達コスト、③情報の非対称性、④リスク、⑤その他の摩擦、⑥インフレ率です。

資本の限界生産性

まずは資本の限界生産性です。経済学的に厳密なことばでいうと、「資本（機械など）が一単位増えたときに追加的に増える生産量」のことですが、現実生活でいえば「事業投資から得られるリターン」というふうに理解すればよいでしょう。

では、途上国の低所得層の人々の事業投資のリターンはどれくらいなのでしょうか。ある論文（"Returns to Capital in Microenterprises: Evidence from a Field Experiment", 2007）によると、スリランカの月率の事業投資リターンは5・7％だったそうです。年率複利で計算すると95％になります。

実際、1年で投資回収ができる仕事、すなわちリターンが100％になる仕事を私は現場でよく見ます。たとえば、子豚を買って育てるような仕事です。カンボジアでは子豚が5000円で買えて、8カ月すると2万円で売ることができます。すなわち、子豚を5万円で10匹買うと、20万円で売れる計算になります。

では、豚を育てて売るまでの費用はいくらになるのでしょうか。次のような前提をおくと、合計10万円になります。内訳は次の通りです。

- 子豚代：5万円
- 柵代：2000円
- エサ代：1匹あたり1日10円として、10匹×240日（8カ月）なら、2・4万円
- 人件費：1日に30分面倒を見るとして、現地の平均的な時給は200円なので、240日で2・4万円

なお、たいていの場合、エサには残飯や使われない雑穀が活用されることが多く、労働力は家族の誰かが提供するので支払いは発生しないことも多いので、上記の計算はとても保守的に行われています。それでも、10万円の費用で20万円が稼げるので、リターンは100％になるわけです。

途上国ではこういう高リターン事業が多いのですが、そのいちばんの理由は人件費が低いことです。たとえば、この豚飼育なども、先進国であれば時給が1000円を超えますので相当

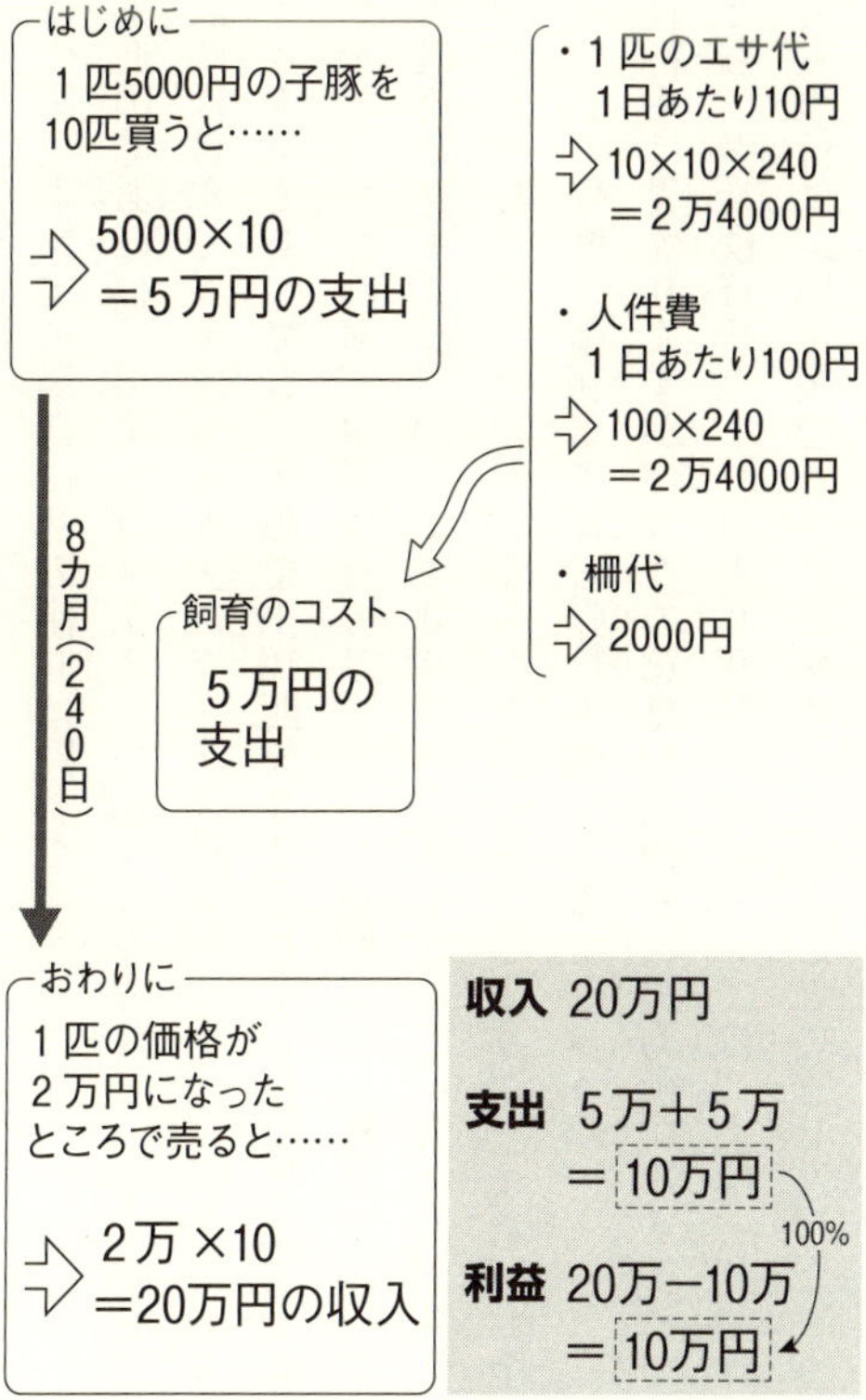

図 2-3 事業投資から得られるリターン

な効率化をしないと利益すら出ません。ですが、時給が１００円を下回る途上国においては、事業投資をすることで労働あたりの生産性が大幅に高まり、事業リターンがきわめて高くなるわけです。特に個人事業主の場合にその傾向は顕著です。

一方で、先進国であれば、事業投資リターンは10～20％程度というのが普通です。私は今の仕事をする前には日本でプライベート・エクイティ投資ファンドに勤めていましたが、優れたレストランチェーンであっても、店舗を１つ開設してからその投資資金を回収するまでは４年くらいかかります。すなわち、事業投資のリターンは単利で25％程度ということです。

さて、事業投資リターンが平均して１００％ある国に住んでいるとします。そのときに、銀行にお金を預けるとしたら、金利がいくらなら預けるでしょうか。また、お金を借りて事業をするとしたら、どの程度の金利までなら受け入れられるでしょうか。

人それぞれ答えは異なりますが、人々の意見が集約されて均衡するところで金利は決まります。少なくとも、事業投資リターンが１００％の国においては、よほど利便性が高くない限り、金利がゼロでも銀行に定期預金をしようとする人はほとんどいません。というのも、定期預金をするということは、ある意味で１００％の事業投資リターンを行わないという機会費用を伴っているからです。そういった理由により、たとえば当社グループが仕事で預金を受けている国では預金金利が現地通貨ベースで12～17％くらいになっています（途上国の現地通貨建ての金利は、ドルベースの金利よりも高くなりがちです）。

借入金利についても同様です。100％のリターンが見込める事業をするのであれば、金利が30％程度であっても大して気になりません。100のリターンのうち、30を金融機関に返しても、70が手元に残るからです。また、「金融機関Aのほうが金融機関Bより金利が1％低い」といった小さな金利差も、大して気にならないでしょう。実際、現地で仕事をしていて感じるのは、小さな金利差を気にする顧客が驚くほどに少ないことです。一方で、多くの顧客が気にするのが、融資額、融資決定までの速度、返済頻度、返済期間などです。というのは、こういった条件のほうが日々の資金繰りや適時の事業投資にとっては重要性が高いことが多いからです。

預金・借入金利についての答えは、事業投資リターンが平均して10％の先進国であれば、まったく異なるものになるでしょう。実際、日本においては金利がほぼゼロであるにもかかわらず、人々はお金を銀行に預けます。また、政策金融公庫が創業間もない事業者に融資をする場合の金利は高くても3％程度です。国有企業である政策金融公庫の金利は、民間金融機関のそれよりも低くなりますが、それでも金利は高いと感じる人が一定数いるようです。

このように、金利水準は、資本の限界生産性に大きな影響を受けます。

金融機関側のコスト

資本の限界生産性は、どちらかといえば、事業を行っている人、すなわち、金融機関の顧客にとって受け入れ可能な金利水準を決める要因です。顧客は、事業投資の平均リターンと金融機関が提示する金利を見較べながら意思決定をします。

では、金融機関はどのように金利を設定するのでしょうか。金利に一定の幅を設けることがほとんどですが、上限金利がない限り、金利幅の上限は顧客がどれくらいまでの金利を許容するか、同業他社がどの程度の水準を提示しているかといった理由で決まります。要は競争を通じて一定水準に収斂《しゅうれん》するわけです。

では下限はどのように決まるかというと、最低限損失がでない水準になるように決まります。すなわち、金融機関が背負うコストより同じか大きくなるように金利の下限が設定されるようになります。そこで、今度は金融機関のコスト要因について見ていきましょう。

資金調達コスト

金融機関が融資をするには、当然ながらどこかからお金を調達してこないといけません。その資金源は借入や預金といった負債と、出資金と過去の利益の積立といった資本とに分けられます。

まずは負債性の資金のコストです。

経済状況にもよりますが、マイクロファイナンス機関の借入金利は、米ドルをベースにするとだいたい年率8～10％程度であり、現地通貨ベースになるともっと高くなります。預金金利はそれよりも低くなりますが（預金者にとっては収入ですが、金融機関にとっては支出です）、そのぶん従業員の人件費や預金対応用のシステム費用などがかかりますし、顧客が急に預金を取り崩したりするときに対応できないと破綻してしまいます。預金で集めたお金のすべてを融資にあてるというわけにはいかないため、すべてを勘案したコストは先に述べた水準になります。

次は資本性の資金のコストです。

日本では資本のことを「自己資本」とよぶことも多く、そのコストを意識されないことが多いのですが、この資本性の資金は基本的に株主に帰属するものです。会社を清算するときなどにおいて、株主への資金返還は債権者（預金者と融資者）よりも後回しにされます。なので、債権者よりも高いリスクを負っている株主が要求する資本コスト（＝株主がほしいと思っているリターン）は当然ながら負債のコストよりも高くなります。資本コストを実際に推定するのは容易ではありませんし本書の趣旨からも外れてしまうので詳述しませんが、マイクロファイナンス機関の場合、借入コストよりも5〜20％くらい高いと見積もっておけばよいと思います（リスクが高いとみなされたマイクロファイナンス機関ほど資本コストは高くなります）。

仮に資本１００億円に対して負債４００億円のマイクロファイナンス機関があるとして、資本コスト18％、負債コストが８％だとします。この場合、資本と負債のコストを加重平均した値、これを加重平均資本コストといいますが、金額でいえば50億円、率でいえば10％となります。金融機関でもあるマイクロファイナンス機関においていちばん大きなコストは、この資金調達コストである場合がほとんどです。

情報の非対称

次に大きいものは、情報の非対称にまつわるコストです。

情報の非対称とは、「片方がわかっていることを、もう片方はわかっていない」状態のことです。

情報の非対称があるからこそ、貸し手は借り手のことを審査しないといけませんし、審査して得られた情報を保管しておかないといけません。結果として、情報の非対称称は、金融機関の人件費やシステム費用に反映されます。多くの場合、人件費がシステム費用より何倍もかかります。

マイクロクレジットの場合、融資残高に対する人件費やシステム費用の比率は5～10％程度の場合が多いです。これは日本の普通の銀行に較べてとても高いのですが、それは、マイクロクレジットのサイズが小さいこと、およびマイクロクレジット業務が先述したように対面重視の労働集約型の事業であることに起因しています。

多くの先進国では、顧客情報のデジタル化が進んでおり、かつその情報の信憑性も高いので、借り手の情報を比較的容易に取得することができます。一方で、途上国における中年以上の低所得層はそもそもスマホを持っていないことも多く、その他の情報インフラが整備されていないことも多いため、人力で顧客情報を把握しないといけません。また、融資実行後であっても、顧客の集会に参加する形で顧客と会わないといけないため、そこには相応の人件費が割かれるようになります。こうして手間がかかるのに対して、融資額が少額であるため、人件費率が高くなっているわけです。

リスク

厳密にいうと、金融経済学においてリスクとは不確実性や将来の結果のバラツキ度合いを意味しています。すなわち、期待している将来の状態に対して、結果が下振れする場合のみならず上振れする場合もリスクと見なされるわけです。リスクを損失だけに限る場合、それはダウンサイドリスクといって区別されます。ここではリスク＝ダウンサイドリスクとして話を進めます。

当然ですが、貸したお金が返ってこないリスクが高い、すなわち貸倒率が高いと想定されるのであれば、その分金利は高くなります。

日本の消費者金融の金利の高さは、このリスクの高さ、すなわち貸倒率の高さによって説明されます。その水準は、経済状況にもよりますがだいたい4～5％ほどだといわれています。だとすれば、消費者金融事業者は、自分たちが調達した資金のコスト（大半は借入金利です）に少なくとも4～5％を上乗せしなければ、事業が成立しません。

なお、マイクロクレジットの貸倒率はかなり低く、コロナ前における貸倒率は世界平均でも3％をまず上回りませんでした。たとえば2018～2020年におけるカンボジアのマイクロクレジットの貸倒率は平均して1％程度、ミャンマーのそれはもっと低かったのです。

その他の摩擦とインフレ率

これらに加えて、あとふたつ、金利を決める要因があります。

ひとつは、摩擦とよばれるものです。これは、抽象化された理論においては存在しないものの、実際には生じるコストのことです。たとえば、私たちが物理の授業で「力＝質量×加速度」と習っても、実際の世界においては様々な要因によって理論通りにはなりません。それと同じです。

たとえば、従来のマイクロファイナンスはほとんど現金商売でした。そうすると、取引があるたびに現金を数えるという作業が発生します。なお、途上国の紙幣は往々にしてボロボロなので札勘定の機械に頼れないことも多く、手でお金を数える手間は無視できない大きさになります。現金のみでマイクロファイナンスをしている場合、現場の営業社員の時間の3分の1から4分の1は現金勘定に費やされる場合もあります。

ほかにも、顧客の情報を紙で保管しておくことを規制当局が要求しているような場合は、ファイル代や倉庫代でかなりのお金がかかります。こういった現実社会における摩擦が大きければ大きいほど、金利は高くなります。

さらに、ノンバンク系のマイクロファイナンス機関は多くの外部投資家から融資を受けて事業をしていますが、その一つひとつに長い契約書が存在しています。その契約交渉にかかる時間や費用なども摩擦となります。

こういった摩擦は、実際の損益計算書でいえば、地代家賃や人件費、専門家報酬やその他管理費などに含まれています。

もうひとつはインフレ率です。私たちが実生活で目にする金利である名目金利からインフレ率を引いたものを実質金利とよびます。経済学では基本的に金利＝実質金利として理論展開をすることがほとんどであり、インフレは捨象《しゃしょう》されていますが、現実世界では無視できないものです。

この本を書いている２０２４年時点では世界中がインフレに見舞われており、大きな問題となっていますが、途上国は歴史的にずっとインフレに悩まされてきました。たとえばスリランカでは、２０２２年９月の物価が前年対比で70％上昇しました。

１年で物価が10％上がっているとき、預金の金利が５％であれば、実質金利はマイナス５％になります。すなわち、そのお金を使わずに銀行に預けているとお金の価値が減ってしまうことになります。ですので、インフレが起きればそれに連動して金利は上がることになります。

ただし、現実には、金融機関が設定する金利は実際のインフレ率を完全には反映しないことがほとんどです。たとえばスリランカのインフレ率が70％になったからといって、預金金利が70％になることも、貸付金利が１００％になることもなく、金利の上昇分は10％程度でした。そして、そのようなインフレが起きたときに最も打撃を受けるのは、値上がりする不動産や証券などを保有しておらず、日々の所得のほとんどを消費に費やしている低所得層の人々です。

以上、かなり長くなりましたが、資本の限界生産性および金融機関側のコスト(資金調達コスト、情報の非対称にまつわるコスト、リスク、その他摩擦)、インフレ率などを加味して金利は決まります。

先にも述べたように、資金調達コスト、情報の非対称に関わるコスト(多くは人件費)、リスク(貸倒引当金や貸倒コスト)、その他摩擦(人件費その他)は金融機関が融資をする際の金利の下限となります。一方で資本の限界生産性は借入をする側が「どの程度の金利であれば受け入れるか」を決める主要因となり、結果として融資金利の上限を決めています。

すこし具体的に話をしましょう。インフレ率を無視して話をします。

世界中のマイクロファイナンスを平均すると、ドルベースに換算したマイクロファイナンス

表 2-1　先進国の消費者金融とマイクロクレジットの違い

	先進国の消費者金融	マイクロクレジット
想定される資金使途	消　費	事業投資
金　利	20~30%(国による)	20~30%(アジアの場合)
資本の限界生産性	15%程度	100%程度
主なコスト	貸倒れコスト	人件費と資金調達コスト

機関のコスト構造はだいたい平均すると次のようになっています。繰り返しになりますが、インフレ率を加味したり、現地通貨ベースにすると金利はもっと高くなります。

● マイクロファイナンス機関の平均的なコスト構造

資金調達コスト　10%
貸倒コスト　2%(リスクの対価)
人件費　9%(情報非対称の対価および摩擦)
その他費用　4%(摩擦)
合計　25%

すなわち、マイクロファイナンス機関としては、25%以下で融資をするとコスト割れをしてしまいますので、融資をする際の金利下限は25%となります。なお、ここで話しているコストは株主が要求する資本コスト(実際にすべてが配当などで支払われるわけではない)も含めていますので、それよりも低い金利で融資をしたからといって会社が赤字になるわけではないことに留意してください。

金利が25％であることを受け入れるかどうかは、借り手側がどういった事業をしているかによります。先にもお話をしたように、途上国における事業投資のリターンは平均すると100％くらいなので、多くの事業者らはこの金利水準を受け入れ可能だと考えます。もし、資金需要のほうが大きいのであれば、金融事業者はもうすこしマージンを上乗せすることでしょう。また、金融事業者が多くなれば、金利競争なども起きて、金利が下がっていきます。また、途上国ではそもそもインフレ率も高いので、さらに金利は高くなります。

まとめると、途上国でマイクロファイナンスをするとコストがかさむため、金融機関が最低限の利益を出すための金利は高くなりがちです。一方で、資本の限界生産性も高いので、借り手も高い金利を許容することが多いのです。

あくまで肌感覚ですが、アジア途上国の金利は、それを5か6で割ると、先進国の水準に近づくように思います。アフリカ途上国の場合は、7か8といったところでしょうか。たとえば、マイクロクレジットの金利が30％だとすると、それは先進国でいえば5〜6％くらいといった感じです。日本で政府補助がない融資を零細事業者が借りようとしたら、金利はそれくらいのものでしょう。

そして、ここまでくると、マイクロクレジット＝消費者金融＝高金利という議論が正しくないということは理解してもらえるのではないでしょうか。先進国の消費者金融も途上国のマイクロクレジットも金利こそ似たようなものですが、その国における一般的な資本の限界生産性も異なり、コスト構造も異なっているわけです（表2-1）。

6 融資と倫理——なぜ金貸しは2000年以上憎まれてきたのか

これはファイナンス理論の話というより社会学の議論ですが、この章の最後に、なぜ金貸しが世界中で忌み嫌われてきたのかについて、私が理解するところを書いておきたいと思います。利息をとることは、文明の初期においては当たり前のこととされていたようです。たとえばメソポタミアなどでは利息は徴収されていました。バビロニアにおいては、最高金利は年率10%から40%程度で推移していました。ハムラビ法典では銀を購入するための融資は最高金利20%、大麦のそれは33・3%と定められており、それを違反すると罰則があったそうです。

利息をとることが禁止されるのが見られるようになるのは、旧約聖書が書かれたあたり、紀元前５００年ころのことです。たとえば旧約聖書の出エジプト記の22章の25には次のように書かれています。

「あなたが、共におるわたしの民の貧しい者に金を貸す時は、これに対して金貸しのようになってはならない。これから利子を取ってはならない」

ここでいう「共におるわたしの民」というのは同じ宗教コミュニティにいる人ということです。ユダヤ教・キリスト教・イスラム教すべてが旧約聖書を参照していますので、これらの宗教では同じ宗教コミュニティ内で金利をつけてお金を貸すことを禁じていました。もちろん違反する人はいたのですが、聖職者などについては特に厳しく取り締まられていたようです。

ですので、金融事業者のイメージが強いユダヤ教徒が融資をする相手は他宗教の人々でした。これなら旧約聖書の教えにも反さないからです。シェークスピアの「ベニスの商人」で悪の権化のように描かれるシャイロックもユダヤ人の金貸しですね。なお、ユダヤ人がこういった金融事業に従事するようになったのは、ユダヤ人らに対する職業差別と無縁ではありませんでした。

イスラム教は金利を要求することも支払うことも禁じており、たまたま銀行預金をしていて利息が得られたら、それは寄付するべきだとされています。実際に、私が現地でインタビューしたムスリムの人には、預金についた利息を寄付している人がいました。なお、そんなイスラム教の国でも金融サービスは必要なので、イスラム金融という形で、ほぼ非イスラム教国と同じような金融サービスが提供されています。具体的には、利息のかわりに、手数料や配当といった名目でお金が支払われています。

上記以外でも、様々な国や文化で、金貸しは忌避されています。たとえばヘロドトスの「歴史」においては「ペルシアで最も恥ずべきこととされているのは嘘をつくことであり、次には借金をすることである。最大の理由は、借金をしたものはどうしても嘘をつくようになるからだ」という記述もあったりします。日本でも、「金貸し」といえばあまりよいイメージがないというのが現実ではないでしょうか。

そこで疑問が湧きます。金貸しはなぜここまで蛇蝎《だかつ》視されているのでしょうか。

これについて、文化人類学者であるデヴィット・グレーバーは『負債論』という著書において、貸付が有している契約的側面に注目しています。この本はとても分厚いのですが、要約すると、「金貸しが忌み嫌われることになった理由は、負債というものが借り手を契約で縛り、場合によっては奴隷化さえもするものであったことに由来している」と主張しています。

この主張を理解するためには、出資と融資の違いを説明しないといけません。

基本的にお金の調達にはふたつの方法があります。出資と融資です。出資はたとえば株式会社の株主になることです。融資はお金を貸すことです。

どちらもお金を出すということについては同じなのですが、性質がすこし違います。出資者は会社の所有者ですので、出資後に議決行動をしたり、取締役を派遣するなどして会社の意思決定に関与します。こうやって後から様々な重要項目について協議できますので、事前に合意することは主に持分や株主間の合意事項などであって、会社を直接的にしばる側面が相対的にゆるいのです。違う言い方をすると、株主は会社の所有者なので、そもそもそういった契約の縛りがさほど必要でないというわけです。

一方で、会社の所有者ではなく、日常の意思決定に関与することがない貸し手は、契約を通じて借り手を縛らざるを得ません。たとえば、企業の借入には様々な債務制限条項があり、それを守らなかった場合、その会社は債務不履行をしたとみなされ、債権者は会社に資金の返済を満期が来る前に求めることができます。さらに返済ができなかった場合には、債権者は債務者の資産の差し押さえなどもできて、債務者を奴隷のような状態に陥れることができます。

そのため、金貸しは嫌われるのだ、というのがクレーバーの主張です。言い換えると、奴隷商人が嫌われるのと同じように金貸しが嫌われるのである、ということです。

ただし、人々が忌み嫌っているのは、金貸しそのものではないように思います。というのも、グレーバーも『負債論』で述べているように「借りたお金は返すべきである」というのは大抵の国において観察される基本的な倫理であるからです。お金を返すのが倫理であるのなら、お金を貸すのが非倫理的であるというのは変な話です。

ですので、嫌われているのは利息つきの融資、特に高利貸しでしょう。先に述べたベニスの商人においても、シャイロックが悪の権化のように描かれているのはその高利によるものです。

さて、では、なぜ高利貸しは嫌われてきたのでしょうか。

真っ先に思いつくのは「暴利を得ている」というものですが、これは不当な非難です。先に見てきたように、個人で金貸しをするとお金を失う可能性も高いからです。この点はあまり注目されないのですが、個人での金貸しを商売として選んでも、うまく回収ができず逆に損をするような人も多いのです。

高利貸しが嫌われる理由として次に考えられるものは、「何もしていないのに儲けているのはズルい」というような考えです。お金を貸すだけで、汗をかかずにお金を儲けるのは適切でないというわけです。しかし、これもおかしな話です。というのも、そもそも融資したお金の回収には相応の労力がかかるからです。それに、地主やマンションのオーナーも家賃を徴収していますが、それが金貸しほどに恨まれているようには思えません。
ではなぜなのでしょうか。

社会を不安定化させないための知恵が教養と結びつき固定化したのでは

これは私の仮説なのですが、高利貸しが嫌われるのは、それが近現代以前のコミュニティの維持と発展に対して障害になってきたからではないでしょうか。

私たちは、人間社会における倫理観が常に普遍的で不変のものと考えがちです。もちろん2000年経っても変わらない倫理観もあるのですが、変わってきたものもあります。たとえば、「人はみな平等である」「すべての人に最低限の教育を提供するべきである」という価値観は、中世までは存在しないものでした。大勢の人はそんなことを信じていなかったわけです。これは、ペスト（黒死病）で人口が激減し労働力が不足していくなか、産業革命等を契機に大量の労働力を必要とするようになった社会において必要とされた価値観だったということは、多くの人々が指定するところです（たとえば、ダロン・アセモグルの『国家はなぜ衰退するのか』などに詳しく書かれています）。このように、倫理観や価値観は、時代の要請によって書き換えられるという側面があります。

近現代以前において、金利を上回る事業機会がきわめて少なかったために、高利貸しがはびこると多くの人が債務奴隷になり社会が不安定化してしまうことが、高利貸しが嫌われた理由ではないかと私は思っています。そして、それが宗教上の教義という、なかなか変えにくい価値観と結びついたがゆえに、今もこの価値観は維持されているのではないでしょうか。

研究によると、文明が生まれてから西暦1500年までの間、人類の1人あたりGDPは常に115ドル程度であり続けたといいます。すなわち、世界最古の文明がメソポタミアで生まれてから5000年間、経済成長率はほぼゼロだったということです。つい最近までの人類は、天災、飢饉、疫病、紛争などに対して現在よりもはるかに脆弱で、何度となく存亡の危機に直面してきたので、経済は停滞を続けていたわけです。具体的には、安定の時代には経済が成長するものの、天災や紛争などによりまた経済が縮小するということが繰り返されてきたのでしょう。これは人口についても同じことがいえます。

当然ながら、社会に存在する事業リターンの水準は、その社会の経済成長率と密接な関係にあります。事業リターンが高い機会が多く存在する国においてGDP成長率は高くなり、逆もまたしかりです。産業革命以前は、資本の生産性も労働生産性も今ほど高くなかったわけです。

そういう国で高い金利を請求すれば、借り手のほとんどは、お金を返せないか、返せたとしても窮乏することになります。そして、お金を返せないと奴隷労働を強要されるわけです。それが続くと、社会はより不平等で不安定になっていき、コミュニティが崩れていきます。

格差が開いた社会においては、社会をゼロリセットさせようとする力が働きがちで、それは具体的には革命や紛争などにつながります。そういう状況になる可能性を下げるために、教義において金貸しが禁止されたのでしょう。

教義というのは、一度明文化されてしまうとそう簡単に変わりません。特に、科学的に反証できず、特定の対象を忌み嫌ったり差別したりする教義であればなおさらです。金貸しが今も嫌われているのにも、同じような理由があるのではないかと私は思っています。

＊

さて、この章では途上国に暮らす低所得層の人々の状況と、この人たちに用いられている金融サービスについて説明をしました。次の章では、世界の金融包摂の現状について、最新のレポートを用いて説明していきます。

第3章　金融排除から金融アクセス、金融包摂へ

1　グローバル・フィンデックス・レポート

金融アクセス(Financial Access)は「フォーマルな金融機関に口座を有していること」と定義されます。これに対して、金融包摂の定義は「有益かつ手頃な価格の金融サービスへのアクセスがあること」ですので、金融アクセスは金融包摂の必要条件ということになります(十分条件ではありません)。金融包摂が何らかの形でされていない状態を金融排除(Financial Exclusion)といいます。

半世紀前、世界の途上国に住む低所得層のほとんどが、フォーマルな金融機関に口座を有していませんでした。その状況を改善しようと、様々な努力がなされてきました。

世界の金融アクセスの改善状況について、世界銀行は3年に1回大規模な調査を行い、それ

をグローバル・フィンデックス・レポート(Global Findex Report)という形でまとめています。最新版は2021年のデータを反映したもので、2022年に出版されました。この章では、このレポートを中心に、世界の金融アクセスの現状を見ていきます。

著者らは、このレポートの冒頭において、金融アクセスのもたらす意義について各種研究結果を紹介しています。ここまで書いてきたものと重複している箇所もありますが、紹介しましょう。

- 金融アクセスがある家計はそうでない家計に較べて財務的なショックに耐えやすくなる。たとえば、様々な研究が、預金口座を持っている人々は経済危機の際に過重債務に陥りにくいことを示している。
- モバイルマネーのようなデジタル金融サービスへのアクセスがある人々は、より安いコストかつ早いスピードで資金を貯蓄もしくは送金できるようになる。それにより、仕送りなどが容易になることで、遠くにいる親族からの送金支援なども受けやすくなり、より財務的に安定するようになる。また、手数料が減ることで、より多くの資金を投資に振り向けることができ、それは生活向上に役立つ。

- 金融アクセスは女性の財務的自立や、経済的エンパワメントをたすける。たとえば、貯蓄を奨励するサービスを受けた女性は、より家計の意思決定に影響を及ぼせるようになり、結果として家計の支出がより役立つものに費やされることが多い。また、女性に口座があれば、様々な財政的支援を直接女性に届けることができるようになり、女性が金銭支出についてより多くの意思決定権を持てるようになる。
- 給与が口座に直接支払われるようになると、天引き預金などとの組み合わせにより、より多くの人が預金をしやすくなる。それによって、外的なショックに対応しやすくなる。また、各種支払を口座に直接行うことで、政府は支援を届けるのに必要なコストを削減することもできる。

2021年現在、フォーマルな金融機関に口座を有している人の割合は全世界で76%となっています。なお、この数値は2011年には51%でしたので、10年でだいぶ伸びたことになります。この成長の大部分は中国とインドで金融アクセスの状況が大幅に改善したことに由来しています。

また、10年前には9%だった男女間の金融アクセスギャップは6%になりました。すなわち、

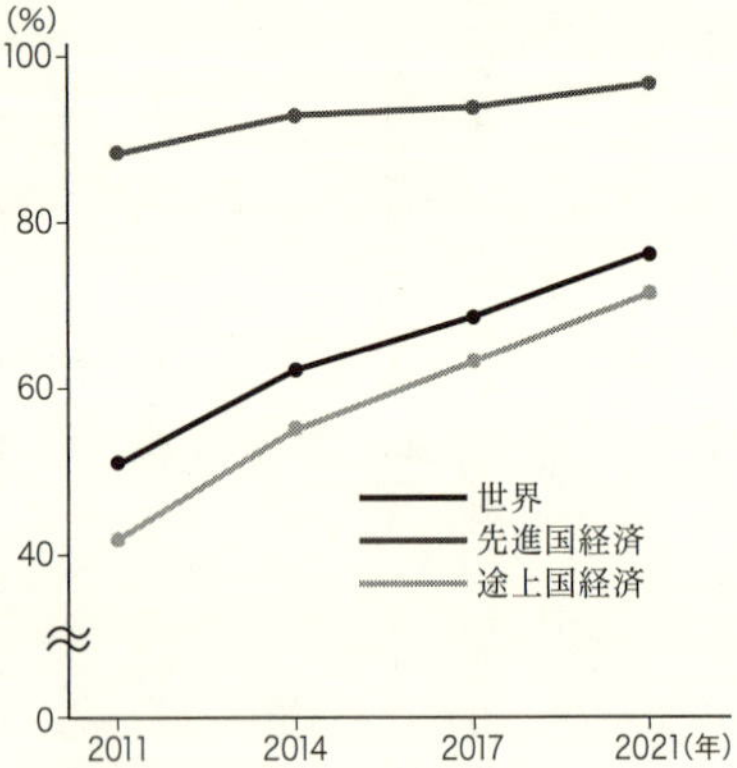

図 3-1　金融機関に口座を有している人の割合
出典：“Global Findex Database”, 2021

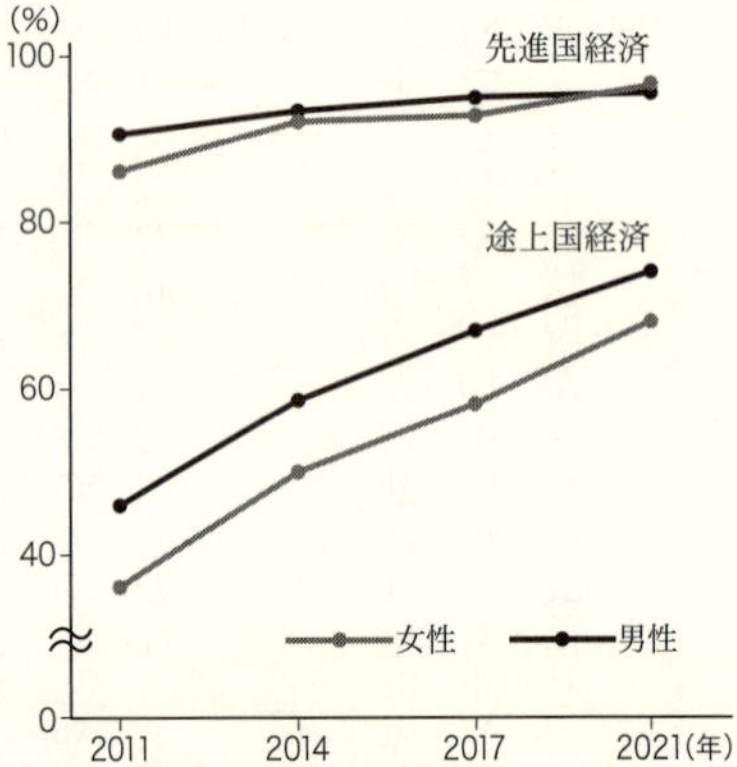

図 3-2　男女間の金融アクセスギャップ
出典：“Global Findex Database”, 2021

金融機関に口座がある男性の比率と女性の比率の差が9％から6％に縮小したということです。

想像に難くないように、先進国においては口座保有者の比率が高く、途上国においてはそれが低くなっています。それはこのレポートに掲載されている世界地図を見ると、一目瞭然です（**図3-3**）。グローバルサウスとよばれる途上国ではまだ口座保有率が低いのが現状です。

図3-4は、口座保有率をその国の所得区分別に表示したものです。高所得国において口座

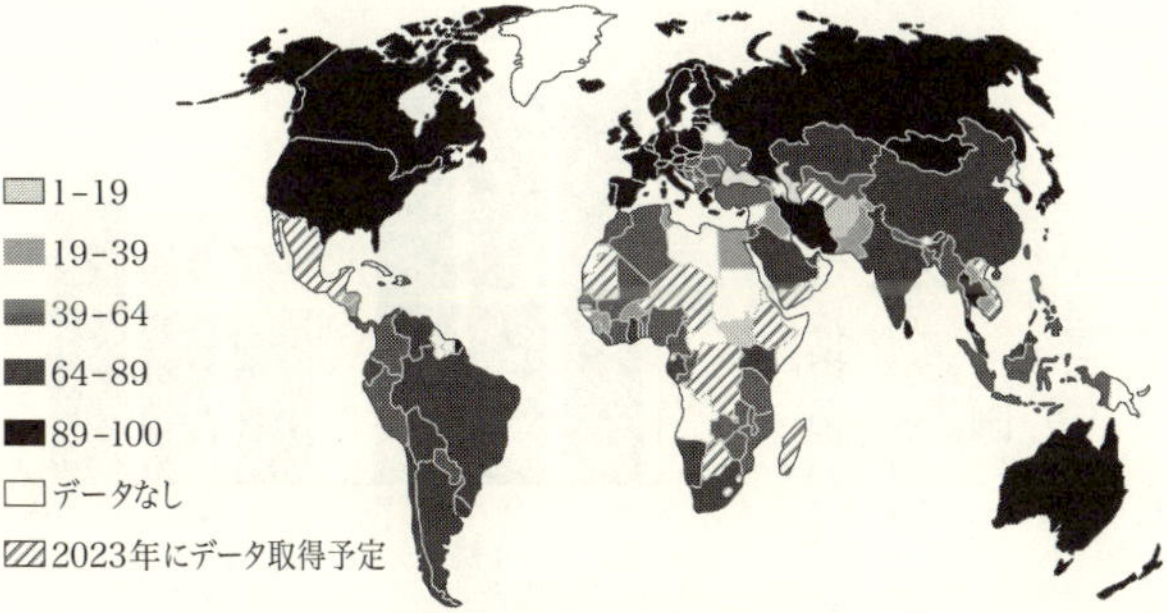

図 3-3　世界の口座保有比率
出典：“Global Findex Database”, 2021

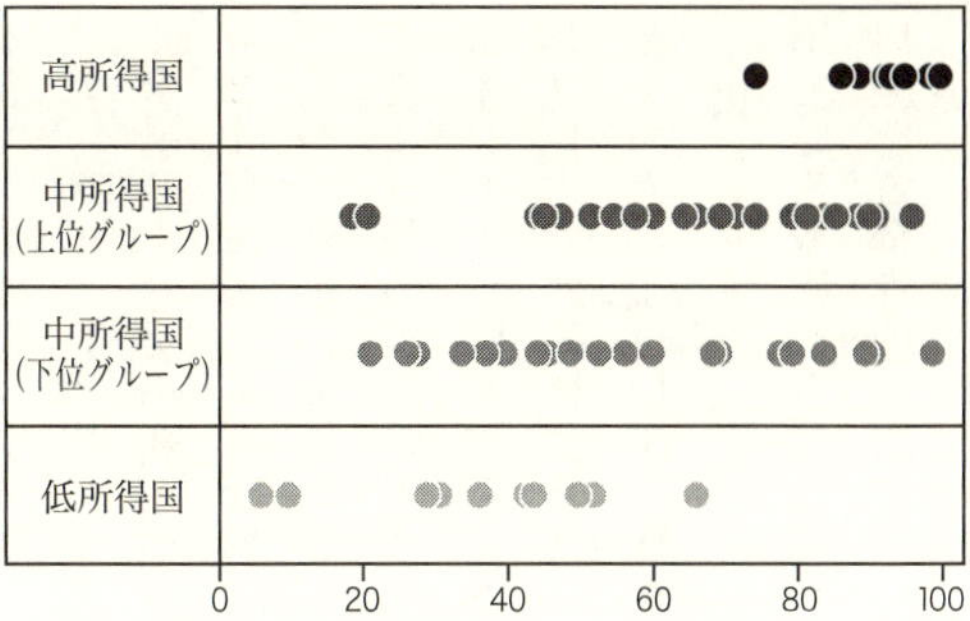

図 3-4　所得区分別にみた口座保有率
出典：“Global Findex Database”, 2021

保有率は高い比率に集中していますが、中所得国および低所得国ではかなり大きなバラツキが見られています。

また、新型コロナウイルス感染症のパンデミックはデジタル金融サービスの利用率を大きく高めました（図3-5）。２０２１年において、18％の人々が公共料金をデジタル手段によって支払いましたが、そのうち3分の1はパンデミック後にはじめてそのような手段を用いた人々です。たとえばインド１カ国だけで、８０００万人の人が新たにキャッシュレスで公共料金を支払いました。

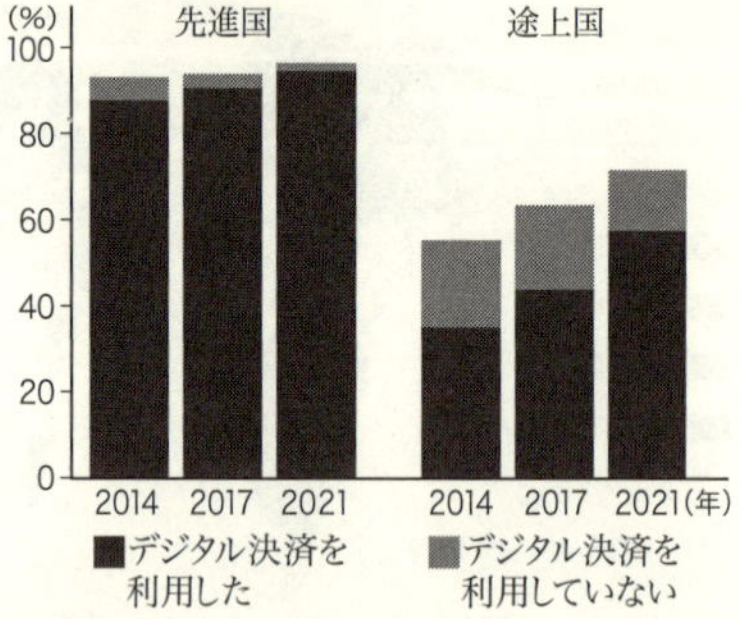

図3-5　デジタル金融サービスの利用率
出典："Global Findex Database", 2021

多くの人が銀行口座を様々な目的で利用していますが、一番多い用途は資金の受け取りです（途上国に暮らす人の57％）。これはたとえば雇用主からの給与振込、取引先からの振込、出稼ぎに出ている家族からの仕送りなどです。次に多いのが資金管理であり、途上国に住む39％の人が口座を資金管理目的に用いています。このうち貯蓄は24％になっています。

一方で課題も少なくありません。たとえば、途上国においては、何らかの資金ニーズが生じた際に30日以内に必要な資金を調達できる人の比率は55％にとどまっています。また途上国に暮らす人の50％が、不慮の事故や病気にかかったときの支出を賄えないことを懸念しています。アフリカでは、54％の人が子どもの学費を賄えないかもしれないと心配しています。

金融アクセスがない理由についても、グローバル・フィンデックス・レポートは調査をしています。最もよくあげられる理由が、お金がない（62％）、金融機関のサービスが高い（36％）、そもそも金融機関の支店が近くに存在しない（31％）、すでに家族の他の人が口座を持っているのでいらない（30％）、書類が十分でない（27％）、そもそも金融機関を信用していない（23％）などです。

こういった問題は、デジタル金融サービスの使用率が高まるとともに、３Ｇネットワークがほぼすべてのエリアをカバーすることにより、ある程度までは解消されていく可能性があると世界銀行は主張しています。

識字率も金融アクセス改善のための重要課題です。金融アクセスの有無を説明する要因として最も大きなものは教育水準となっています。現時点で、途上国における識字率は７割程度です。また、識字率には男女や年齢で差があり、女性は男性より15％ほど低く、年齢が高いほど識字率は低くなっています。現時点で金融アクセスを有していない人の３分の２が、たとえ口座を開設できたとしても、その利用方法についてのサポートを得られなければ、使いこなせないかもしれない、という懸念をデータは示しています。

このあたりは実務に関わっていると強く感じるところでもあります。テクノロジーを信頼している人々は、スマホと3Gネットワークがあれば金融アクセスの課題はすべて解決するという議論をしがちですが、そんなに物事は簡単ではないのです。

そもそも、途上国に住む30歳以上の低所得層の多くはスマホを保有していません。高いからというのもありますが、字が読めなかったらスマホはただのカメラ機能が優れたフィーチャーフォン（いわゆるガラケー）でしかないからです。さらに、ある程度は字が読めるとしても、スマホのアプリなどを通じて金融サービスを利用するのはかなり大変なことです。

字が読めない人々に彼女・彼らが金融機関に対して抱いている印象を聞くと、地元に顧客目線に立った金融機関がない場合は、あまり芳しくないものが多かったです。最も多かったのが「何かダマされている気がする」というものです。この不信は、金融機関が様々な名目で徴収する手数料の存在、たとえ字が読めたとしても理解することが非常に難しい契約書などによってつくられているもので、これらについても改善が望まれます。

2　金融アクセスから金融包摂に焦点が移った理由

グローバル・フィンデックス・レポートは金融アクセスに関するレポートです。しかし、このレポートでもところどころ金融包摂という言葉が使われています。ここではなぜ金融包摂という言葉がここ10年でより多く使われるようになったのかについて説明します。

まず、先述のように、金融アクセスは「フォーマルな金融機関に口座を有していること」と定義されています。世界銀行グループを含め途上国の経済開発に取り組む人々は、金融アクセスをＫＰＩ（重要業績評価指数）としていました。というのも、先にも述べたように金融アクセスは経済開発にとって重要な役割を果たすのみならず、計測が容易だからです。フォーマルな金融機関の数は多くないので、容易に測定することができます。

計測可能なＫＰＩというのは使い勝手がよいものですが、一方でそもそもの趣旨からズレてしまうという問題をもたらす場合もあります。

特に大きいのがインドの取り組みでしょう。ナレンドラ・モディ政権下のインドは、国民のほぼ全員にアダハーというＩＤカードを付与し、そのＩＤカードを保有していれば誰であっても無料で銀行口座が開設できるようにしました。これは今後世界有数のフィンテック大国になるインドにとってきわめて重要な打ち手でしたが、この取り組みによって銀行口座がかなり乱発されることになったのは事実です。インドにおける銀行口座保有状況は劇的に改善しましたが、そのうち3分の1はほとんど使われていないといいます。

「有益(useful)かつ手頃な価格の(affordable)金融サービスへのアクセスがあるか」を問う金融包摂は、こういった状況を踏まえて注目されるようになりました。この定義に従えば、銀行口座を持っていたとしても、金利や手数料が高すぎて借入や国際送金などのサービスを利用できない人々や、最小取引単位などが理由で預金をできない人々は金融包摂されていないということになります。

金融アクセスという観点に立てば、世界に住む人の4分の3がそれを有するようにはなりましたが、その人々が金融包摂されているのかというと、答えはノーでしょう。たとえば、グローバル・フィンデックス・レポートにあったように、途上国に暮らす人の半数は、何か問題があった場合にすぐ資金の融通を受けられずにいます。それ以外にも様々なデータを見ていると、金融包摂がされていない人は途上国に暮らす人の少なくとも3分の2にはなるといっても差し支えはないでしょう。

しかし、金融包摂を目的に掲げると難問にあたります。なぜなら、金融包摂の達成度は計測しにくいからです。金融包摂の定義である「有益性」や「価格が手頃であること」というのは客観的な指標にすることが難しいものです。価格についてはある程度の基準を設定することがそれでも可能ですが、有益性についてはきわめて困難です。第６章で紹介するマイクロファイナンスの社会的パフォーマンス監査においては、こういった有益性や価格について数十の項目を置いてチェックをしていますが、それをすべてのマイクロファイナンス機関に対して義務化するのは現実的ではないでしょう。

それでも、マイクロファイナンス事業者らは金融アクセスのみならず金融包摂を目的にすべきである、と私は思います。というのも、マイクロファイナンスセクターが社会に対して約束してきたのは、金融サービスを提供することを通じて、顧客らの生活や幸福度の向上に貢献し、ひいては貧困削減の一助となることだからです。顧客の生活にインパクトを残すという目的を達成するためには、計測が難しくても金融包摂を目指すべきであると私は考えています。

＊

この章では金融アクセス・金融包摂の現状と、それを世界中に拡げるための主要な課題についてお話ししました。次章ではまたすこし時間を戻して、現代のマイクロファイナンスの歴史についで書いていきたいと思います。

第4章　マイクロファイナンスの現代史

1　その歩み――3つのマイクロファイナンス機関

マイクロファイナンスは20世紀の産物ではない

そもそも、村などのコミュニティを基盤にした金融取引には、1000年以上の歴史があります。先に紹介したROSCAはその一般名称で、日本であれば、無尽講《むじんこう》、頼母子講《たのもしこう》という名前で呼ばれる「講」は、鎌倉時代には高野山文書(平安中期から江戸末期まで高野山金剛峯寺等に伝来した歴史資料群の総称)にその名前が登場しています。**図4-1**にある通り、日本に限らず、世界中のほとんどの地域において、こういった地元コミュニティに根ざした金融サービスは今も存在しています。実際、私が仕事をしているすべての国において、私は村の互助会的な金融組織を目にしています。

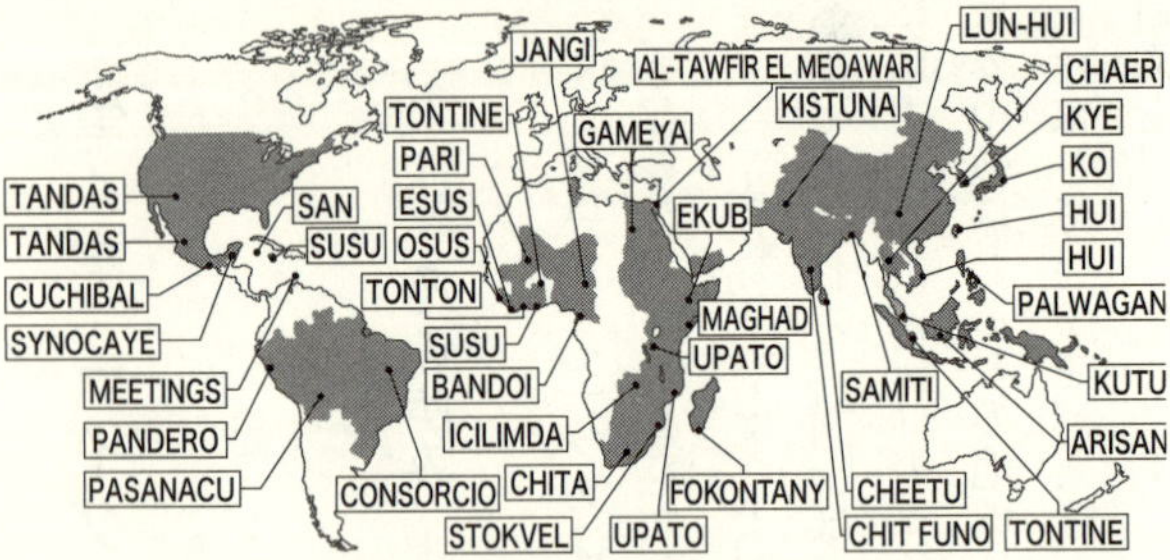

図 4-1　世界の ROSCA
出典：Muthoot Chit

これは個人的にはとても重要なことだと思うのですが、人々はフォーマルな金融機関が登場するはるか以前から、金融取引をしていたのです。私は様々な途上国で村の人たちを訪問してきましたが、銀行口座を持っていない人に会ったことは多いものの、金融取引をしたことがない人に会ったことはありません。

それくらい、金融取引というのは人が生きていくのに必要な行為なのでしょう。先にも話したように、お金は「財・サービスと交換したり他者に移転することができる証明可能な記録」であり、お金があることはそのまま生存につながっていました。現代社会よりもはるかに貧しい中世以前であればなおさらです。

お金が安定して得られるとは限りません。生活には様々なアップダウンがつきものだからです。だからこそ、お金が一時的に余った場合には預ける（＝貸す）、足りなくなった場合には借りる、というのは生きるための自然な行為であり、こういった金融取引を行っていた人たちは、より高い確率で生き残ることができたのでしょう。前章で述べたように、金融サービスへのアクセスがあることは、外的なショックに対応できる確率を高めてくれるからです。

信用組合の誕生

こういった共同体をベースにした金融互助会が組織化され拡大したのが信用組合です。金融互助会と信用組合の境目は曖昧ですが、いちばんの違いは、信用組合はひとつの村にとどまらず村をまたいで活動をしていることがあげられると思います。すなわち、金融互助会においては参加者はそれぞれに知り合いですが、信用組合の組合員が全員知り合いというわけではないということです。特に、人々が生まれ育った地域に暮らす農村部のみならず、都市部においてもその活動が行われているのが大きな特徴です。

世界の歴史教科書にはザクセン王国（今でいうドイツ）の信用組合が世界最初の信用組合として取り上げられていますが、これは上で述べたように都市部においても活動が行われた点に特徴があります。

こうなった背景には産業化があります。産業革命が起きたことにより、農村部から多くの人が都市部に移動をして、都市部にある工場で働くようになりました。結果として都市部の人口が増大していきます。同時に、新しい技術(当時は機械の使い方)を活用できた人とそうでない人との間で格差が開いていきました。工場の持ち主などに対して対抗するために、多くの労働者らは労働組合を結成して、相互に協力しながら権利のために闘うようになります。

そうするうちに、もともとはコミュニティが存在しなかった都市部においても、新しいコミュニティが発生するようになりました。元々はお互いが知り合いでもなかった都市部においても信用組合が生まれた背景にはこういった事情がありました。

信用組合の組織構造上の特徴は、株主が存在しないことです。出資するのは組合員とよばれる、組合に参加する人々で、この人たちが、出資している金額にかかわらず一人一票を持っています。これは、納税額に関係なく一人一票である民主主義制度と似ています。組合員が数千人を超えるような場合、全員参加で意思決定をするのは現実的でないので、たとえば地域別に組合員らの集まりで代表を決め、その代表らによって意思決定をするという構造になっています。

信用組合は非営利法人と分類されています。非営利法人というと、利益を出すつもりがない組織であると思われそうですが、それは正しくありません。組合で出た利益は組合員らに分配されていますし、大きな利益を出している信用組合も存在しています。

ただし、株式会社においては、所有者である株主の利益を最大化することが第一の目的となっており、その前提で顧客との関係を構築することになっているため、常に株主利益と顧客利益との間に対立があります。一方で、信用組合においては、出資者である組合員が顧客でもあるため、このような利益対立が起きにくいという違いがあります。

株式会社と信用組合の境目も時として曖昧になります。たとえばグラミン銀行は株式会社ですが、株主は顧客です。となると、顧客の利益と株主の利益があまり相反しません。違いがあるとすれば意思決定構造で、株式会社における意思決定は保有株数に基づく多数決ですが、組合においては一人一票で投票がされます。なお、信用組合に組織形態が近いものとしては、信用金庫や相互会社などがあります。

信用組合や信用金庫、相互会社が後に株式会社となる場合もあります。たとえば日本であれば、第一生命保険はもともと相互会社だったものが株式会社となり、上場企業となっています。一方で、日本生命などはいまだに相互会社のままです。

バングラデシュの三大マイクロファイナンス機関

ここまで述べたように、コミュニティを基盤にした金融組織は１０００年以上存在していました。そして、産業化と都市化が進み、現代社会を制御する法制度が確立されていくタイミングで、これらをさらに組織化し拡大した信用組合が発生してきました。たとえば日本では、信用組合、信用金庫、相互会社それぞれに根拠法が存在し、それに則った形で組織がつくられています。

ある意味で、マイクロファイナンスは、こういった産業化が遅れた途上国において、すこし遅れてやってきた金融互助会の組織化ということもできます。

現代のマイクロファイナンスが最初に生まれたのはボリビアとバングラデシュだといわれています。ここではバングラデシュについてより詳しく取り上げていきたいと思います。

バングラデシュにはマイクロファイナンスの三巨頭とよばれる組織があります。ＢＲＡＣ《ブラック》、グラミン、そしてＡＳＡ《アーサ》です。この三社は、世界のマイクロファイナンスに多大な影響をもたらしました。これから、それぞれの歴史を見ていきましょう。

バングラデシュ発展最大の功労者であるＢＲＡＣ

設立当初、ＢＲＡＣはバングラデシュ復興支援協会(Bangladesh Rehabilitation Assistance Committee)の略称でした。その後、何度も正式名称は変わっていくのですが、結果として常に略称はＢＲＡＣのままで、今やＢＲＡＣは略称ではなく組織名として認識されています。

創業者であるファズレ・ハサン・アベッド氏は18歳でイギリスにわたり、グラスゴー大学で学んだ後に、１９６２年から石油会社のシェルで働きます。当時のバングラデシュ人のなかでは明らかにエリート階層の人です。その後、１９７１年に独立はしたものの荒廃していたバングラデシュの復興に貢献しようと、ロンドンにある家を売り払い、バングラデシュに戻ってＢＲＡＣを立ち上げます。ＢＲＡＣの元々の名称であるバングラデシュ復興支援協会というのはここから由来しています。２０１９年に亡くなるまで、約半世紀にわたってＢＲＡＣをリードしてきました。

ＢＲＡＣは今やバングラデシュ最大の組織であり、従業員は約10万人となっています。海外でも事業展開をしており、ＢＲＡＣが関わっている人の数は１・３億人にもおよびます。活動内容も、農業、保健、教育、金融など多岐にわたります。

１９７２年に設立されたＢＲＡＣは、１９７４年にはマイクロファイナンスのプログラムを開始しています。当時から主な対象は、土地を持たない低所得層の女性たちでした。現代においても途上国の男女格差は先進国よりも深刻である場合が多いですが、特にバングラデシュやインドなどの南アジアにおいてはそれが顕著でした。BRACは、女性が経済的に自立することによって、家庭内の女性の地位も向上し家族がよりよい意思決定ができると考えました。また、多様な活動を行っていたBRACはこういった融資・貯蓄プログラムを他の職業訓練プログラムなどと組み合わせることもできました。

こういったサービスのひとつして知られているのは、BRACによるAarong百貨店の運営でしょう。バングラデシュで展開されているこの百貨店(店構えは一般の百貨店にまったく見劣りしないものです)では、バングラデシュ中のBRACの受益者たちが作った製品が販売されています。

21世紀に入ると、BRACは「貧困卒業プログラム」を始めるようになります。これは、マイクロクレジットを通じて事業をする状況にもない極度の貧困層の人々に対して、必要な支援を提供するというものです。村の人々からの投票で最も困っている状態にある人々を特定し、その人たちに1年間にわたって職業訓練や資産の提供(たとえば家畜を無償提供する)などを行います。そしてプログラムを卒業した人たちは、マイクロファイナンスの顧客としてさらに生活を安定させていけるように誘導していきます。これは本当に素晴らしいプログラムであると私も思います。

政府機能が強くないバングラデシュという国において、BRACは国を代替するような活動を行っています。マイクロファイナンスはその活動の一部でしかありません。従業員数では世界最大の非営利組織であり、しばしば世界で最も優れた組織のひとつとしてもあげられています。

マイクロファイナンスを世界に拡めた伝道者グラミン

それよりもすこし遅れて、1976年からムハマド・ユヌス氏もマイクロクレジットのプログラムを開始します。アメリカのヴァンダービルト大学で博士号を取得してからしばらくして帰国し、チッタゴン大学で経済学を教えていたユヌス氏は、チッタゴン大学の近くにある貧しい村であるジョブラを訪問します。高利貸しからの借金に苦しむ竹細工づくりの女性たちを対象に、彼は自分のポケットマネーを用いて融資を始めました。当時彼が融資したお金は27ドル、対象となった顧客は42人でした。その後1983年にグラミンプログラムは銀行ライセンスを取得し、いまやグラミン銀行はバングラデシュにおける大銀行のひとつとなっています。2006年にはユヌス氏とともにノーベル平和賞を受賞しています。

当時のバングラデシュの高利貸したちの金利はだいたい月に10～20％(＝年率120～240％)だったのに対し、ユヌス氏のプログラムの金利は年率30％程度でした。前章で述べたように、途上国と先進国ではそもそも金利水準が異なっているので、ここでの金利は今の日本でいえば5％くらいのものだと考えてください。

30％の金利があるとはいえ、人件費が大きくなってしまうとそもそも成立しません。だからこそ、ユヌス氏は可能な限りコストを押さえる方法を考えました。そのようにしてつくられたのが、有名なグループローン(グループレンディング、グループ融資ともいいます)です。

初期においては、グラミンからお金を借りたい人は相互連帯責任の5人組をつくり、その後融資についての講習を受ける必要がありました(たとえば融資の返済方法や、融資使途などです)。ほとんどの顧客にとって、金融機関から融資を受けるのははじめてのことだったので、こういう講習が必要だったのです。それらの講習を受け終わると、すべての人が融資を受けられるようになります。まずは5人組のうちの2人が借り、その後2人が、さらに最後に1人が時間差で融資を受けることができます。

先にマイクロクレジットの説明でも書いたように、この仕組みはゲーム理論的にも理にかなったものでした。村共同体の中でお互いをよく知っている村人らが相互に審査し、その後モニタリングをしているため、金融機関にとって大きなコストである審査・モニタリングコスト(要は人件費です)を大幅に削減することができます。これにより、ユヌス氏が始めたマイクロクレジットは少額の融資を年率30%程度の金利で提供することに成功したわけです。

その後、世界中にこのグループレンディングは拡がっていきました。すでにバングラデシュでは連帯責任グループに対する融資はほとんど存在しなくなりましたが(理由は後で詳しく述べます)、ミャンマーのようについ最近になってマイクロファイナンスが始まった国においては、多くのマイクロファイナンス機関はユヌス氏がつくったこのプログラムをいまだにほぼそのまま踏襲しています。普通の金融イノベーションは10年程度で廃れるところ、半世紀ほどの間続いているのは珍しいことで、経済学的な基盤があるプログラムの頑健さを示しています。

そんなグラミンも一度は経営危機に陥ったことがあります。バングラデシュ史上最悪ともいわれる洪水が数百万人の生活に壊滅的な被害を与え、貸倒れが急増したためです。それまでグラミンはマイクロクレジットに偏重していましたが、この危機をきっかけに考えを改め、グラミンⅡとよばれる一連の預金その他商品を提供するようになりました。今やグラミンにおいても預金のほうが融資額よりも多いという状況になっています。

バングラデシュのマイクロファイナンスの三巨頭の中でも最も知名度が高いのはグラミン銀

行ですが、これはユヌス氏個人のカリスマ性によるものが大きいでしょう。常に控えめで粛々と活動してきたアベッド氏に較べ、ユヌス氏はスピーチも上手で多くの人を魅了し、マイクロファイナンス運動のファンを世界中につくりました。ユヌス氏が存在しなかったら、マイクロファイナンスがここまで世界的に注目されなかった可能性がありますし、世界中でマイクロファイナンスでの起業を志す人の数ももっと少ないものになっていたことでしょう。

このように世界におけるマイクロファイナンスの宣伝塔になったことが、ＢＲＡＣやＡＳＡではなくグラミン銀行とユヌス氏がノーベル平和賞を受賞したことの一因だと思います。

マイクロファイナンス機関の経営モデルの礎を築いたＡＳＡ

バングラデシュの三大マイクロファイナンス機関のなかで、バングラデシュという国に最も大きなインパクトを及ぼしたのはアベッド氏のＢＲＡＣ、世界中にマイクロファイナンスを普及するという点において最も大きな成果を出したのがユヌス氏のグラミンだとすれば、マイクロファイナンス機関という金融機関の経営においてもっとも大きな影響を残したのはＡＳＡの創設者であるシャフィクアル・ハーク・チョウドリー氏でしょう。彼は、マイクロファイナンス業界におけるヘンリー・フォード（フォードの創業者であり、当時の自動車業界における生産方式を革新した）のような人物ともいえます。

経歴も異色です。アベッド氏やユヌス氏とは違って留学経験がないチョウドリー氏は、もともと共産主義革命家でした。初期には毛沢東思想に傾倒し、農村から革命を起こしていこうという考えをもっていました。搾取されている現実を農村の人々に教えれば、彼ら・彼女らが蜂起し、社会が変革すると彼は考えていたのです。なので、もともとチョウドリー氏の頭の中には金融サービスを提供するというような考えはありませんでした。というのも、マルクス経済学的な枠組みにおいては、金融事業に対して肯定的な意見は多くないからです。

彼のそんな考えを変えたのは農村の人々の声です。高利貸しや地主たちに対して闘うべきだと主張するチョウドリー氏らに対して、農民たちは次のように答えます。

「なんでそんなことをしないといけないんだ？　彼らは少なくとも何らかの形で私たちの助けになっている。しかしあなたたちは何もしていない。説教したり講義をしているだけじゃないか」（スチュアート・ラザフォードの *Pledge* より翻訳して引用）

自分たちが助けようと思っていた農民たちからこのように言われたことは、彼に強烈な衝撃を与えたようで、チョウドリー氏の考えを改めさせる契機となります。その後他のマイクロファイナンス機関らの提供するサービスがバングラデシュの人々に受け入れられている様子を見ながら、チョウドリー氏が率いるＡＳＡもマイクロクレジットを提供することを決めます。そうして、ＡＳＡが本格的にクレジットプログラムを始めたのは１９９１年で、ＢＲＡＣやグラミンよりも15年以上後のことです。

このように、ＡＳＡはマイクロファイナンス後発組でしたが、創業者であるチョウドリー氏には優れた才能がありました。それは、物事をシンプルにする能力です。

彼はえてして複雑になりがちなグラミン型のグループ融資を採用しませんでした。個人名義での借入であっても、顧客が集会場にやってきて他の村人の前で返済するのであれば、返済の規律は十分に働くと考えたのです。そして、融資と預金ともに、取引単位を１０００タカ（２０２４年現在およそ１３００円）に統一しました。融資を受けた場合、借入額が１０００タカであれば、返済は46週間の毎週返済として、１回あたりの返済額を元本と利息あわせて25タカにしました。そうすると、返済総額は１１５０タカで、金利は約30％になります（借入残高が１０００から０に徐々に減っていくため、借入期間における平均残高は約５００になり、利息分の１５０を平均残高で割ると30％になるためです）。

この設定の優れていた点は、借入が４０００タカであれば毎週の返済額は１００タカ、１万タカであれば２５０タカといった具合に、誰でも簡単に融資額と返済額を暗算できることにあります。ほとんどの顧客も返済額を楽に計算できましたし、マイクロファイナンス機関の職員も計算ミスを減らすこともできました。返済額が常に25の倍数になるので、現金勘定をする際にも間違いに気づきやすくなるわけです。計算が簡単になるので、支店に経理担当を置く必要もなくなり、融資担当の営業社員が自分でお金の勘定を済ませられるようになったわけです。また、そういうシンプルな事業モデルにしたおかげで、ＡＳＡはさほど高度な教育を受けてこなかった地元の若者であっても、従業員として採用し育てていくことができました。

こうやって、事業をシンプルにして標準化し、誰もが利用できるものにした、というのがＡＳＡの残した功績です。２００７年にフォーブスがはじめて発表した世界のマイクロファイナンス機関のベスト50において1位となったのはＡＳＡでした。

ムハマド・ユヌス氏に触発されてマイクロファイナンスを始めた人は世界中に数多くいますが、多くの国において最も成功したのはＡＳＡモデルの精神を踏襲したマイクロファイナンス機関でした。たとえば、インドネシアで最も成功しているマイクロファイナンス機関であり、世界銀行グループが関わっているＭＩＸというデータベースに掲載されているマイクロファイナンス機関内でナンバー1評価を獲得したＭＢＫベンチュラもＡＳＡモデルを踏襲しています。インドで最も成功したマイクロファイナンス銀行であり、いまや資産総額が2兆円を超えるバンダン銀行もASAをモデルとしています。

マイクロファイナンス事業の経営において、コストを制御するのは重要なタスクであり、それを簡素化によって実現したASAは、自国のみならず世界中のマイクロファイナンス機関経営に影響を与えました。このASAモデルを用いて海外で事業を行っているASA International はロンドン証券取引所に2018年に上場しています。あまりにも小さな規模で上場してしまい、流動性も少ないため株価はふるわない結果になってしまっていますが、BRACやグラミンの海外事業よりもASAのほうがはるかに成功したとはいえるでしょう。

2　世代間の葛藤と対話

第二世代のマイクロファイナンスとその葛藤

BRAC、グラミン、ASAは第一世代のマイクロファイナンスを代表する組織です。その影響はバングラデシュ国内にとどまらず、世界中に及びました。先に話したように、バングラデシュという国の開発に最も大きなインパクトを残したのはBRAC、マイクロファイナンスがムーブメントになるように知名度向上に貢献したのはグラミン、そして、マイクロファイナ

マイクロファイナンスブームを起こした伝道者

バングラデシュの代替政府として同国の発展の立役者

MFIの経営に最も大きな影響を与えた経営者

図 4-2　マイクロファイナンスを代表する3つの組織

ンス機関経営のモデルをつくったのがＡＳＡです。

この3社は切磋琢磨という言葉にふさわしい競争をこの30年間繰り広げてきました。その結果サービスの質は改善を続け、金融サービスの価格（利率と手数料率）も下がり続け、顧客たちに裨《ひ》益《えき》していきました。

なお、バングラデシュにおいてマイクロファイナンス機関らが革新を続けられた理由のひとつに、規制当局が弱かったことがあります。たとえば隣国のインドにおいては規制当局が強く、実験的な事業をしようとすると一つひとつ当局にお伺いを立てないといけなかったのですが、バングラデシュではそういうことはなく、事業者らは比較的自由に新規サービスを試すことができました。もちろん規制当局が弱いと悪徳事業者も生まれやすいのですが、創業者らに明確な貧困削減の意図があったことと、三社が競争をし続けていることともあり、バングラデシュの規制当局の弱さが顧客を害することはすくなかったのです。

第一世代のマイクロファイナンスは大きな成功を収めました。バングラデシュにおいて今やマイクロファイナンスはほとんどすべての人が利用するサービスとなっています。そして、組織形態が非営利であるにもかかわらず、成功したマイクロファイナンス機関らは自己資本利益率（ROE）で20％以上という高いリターンを出し続けてきました。

質素な生活を貫いた第一世代マイクロファイナンス創業者たち

バングラデシュに限らず、第一世代のマイクロファイナンス起業家たちには共通点があります。それは、第一の目標が、自身のお金儲けや地位ではなく顧客の生活向上であるということです。もちろん何をもって生活向上とするかは難しい話ですが、それでも彼ら・彼女らが共通して目指していたのは貧困の削減でした。１９７０年代から１９９０年代後半にかけての第一世代マイクロファイナンスは、貧困根絶のための非営利運動としての色彩が濃いものであったといえるでしょう。

第一世代の起業家たちは、組織と利益の規模がどんなに大きくなっても高額報酬を受け取らず、質素な生活を続けていました。これはバングラデシュに限った話ではなく、世界中の第一世代マイクロファイナンス起業家たちにほぼ共通しています。

第一世代のマイクロファイナンス実務家のひとりであるスチュアート・ラザフォードは、第一世代マイクロファイナンスの特徴を「現地のリーダー、現地の人々、現地のリソースを用いて、貧しい人々への金融サービスを大規模かつ持続可能な方法で組織すること」と述べています。実際、BRACもグラミンもASAもそれに当てはまるものでした。

商業化していく第二世代マイクロファイナンス

その次にやってきたのが第二世代のマイクロファイナンス起業家たちとマイクロファイナンス機関です。第二世代のマイクロファイナンスの特色は営利産業であることです。

第二世代のマイクロファイナンス機関の多くは株式会社の形態を採用しています。第一世代のマイクロファイナンス機関が成長のために受け取ったのは国際機関や財団などからの援助(往々にして寄付)でしたが、これら第二世代のマイクロファイナンス機関は投資家からの出資によって資本を大きくしていきました(なぜそうなったのかは後で説明します)。また、起業家の動機も多様になりました。社会変革を目標に始めた人もいれば、名声や富を得るために始める人もいました(もちろん、両方、という人もいます)。加えて、起業家の経歴についても、マイクロファイナンス機関出身の人もいるものの、マッキンゼーなどの戦略コンサルティング会社や投資銀行出身者など、いわゆるプロフェッショナルファーム出身者も増えていきました。

　こういったプロフェッショナルファーム出身の起業家が主要なマイクロファイナンス機関に多くなったのは、マイクロファイナンス機関の主な出資者が国際援助機関や財団等のドナーから、商業的な投資家に変わったこととも無縁ではないと思います。非営利セクター出身者で商業投資家を説得できるようなコミュニケーションができる人は、さほど多くないからです。

　2024年現在、多くの国で市場シェアを席巻しているのは第二世代マイクロファイナンス機関です。理由としては、第二世代のマイクロファイナンス機関に投資された資金が第一世代に対する寄付額よりもはるかに規模として大きかったことや、成長著しいビジネスとしてのマイクロファイナンス機関が多くの才覚ある若者たちを引き付けることに成功したことがあげられます。

　近年においてはマイクロファイナンス機関の経営者らが高額報酬を受け取ることも増えてきました。特にインドなどの大手マイクロファイナンス機関においては、役員報酬が1億円を超えることが珍しくありません。当の経営者らは「これくらいの事業規模の企業を経営しているのだから当然である」と主張するのに対して、第一世代のマイクロファイナンス実務家らは、これは強欲であると批判しています。「貧しい人々から受け取ったお金で売上を立てて仕事をしているのだから、華美な生活をするべきでない」と信じる第一世代のマイクロファイナンス起業家は多いからです。

マイクロファイナンス機関の株式市場への上場

また、第二世代マイクロファイナンスの商業化傾向を特徴づけるものとしてよくあげられるのが、マイクロファイナンス機関の株式市場への上場です。２００７年に世界ではじめて上場したマイクロファイナンス機関はメキシコのコンパルタモス銀行（２０１３年に上場している持株会社の名前はGENTERAと改名されています）で、同社の上場は他のマイクロファイナンス機関やマイクロファイナンスのドナーや投資家たちの間に大きな論争を巻き起こしました。

ユヌス氏をはじめ第一世代のマイクロファイナンス起業家たちは、この上場を厳しく批判しました。コンパルタモスが年率80％という高金利によって高い利益をあげてきたことに対し「貧しい人々を搾取することで利益をあげるべきではない」と批判しました。加えて、利益配分も批判対象でした。マイクロファイナンス機関が得た利益が顧客ではなく世界中の投資家に配分されたからです。

第一世代と第二世代の代表者による噛み合わない対話

こういったマイクロファイナンス起業家の世代間の違いを見せるために、第一世代と第二世代のマイクロファイナンス実務家の間の議論を紹介しましょう。元アメリカ大統領であるビル・クリントンが設立したクリントン・グローバル・イニシアチブが開催したパネル・ディスカッションにおいて、第一世代を代表するムハマド・ユヌス氏と、第二世代の代表的人物のひとりであるヴィクラム・アクラ氏が２０１０年に議論をしたことがありました。

マッキンゼーの元パートナーであったヴィクラム・アクラは、ＳＫＳというマイクロファイナンス機関を設立し、その事業は２０１０年にインドでマイクロファイナンス危機がやってくるまで、効率的なビジネスモデルゆえに大きな成功を収め、マイクロファイナンス機関として世界で2番目に株式市場に上場しました。

このパネルにおけるふたりの主張はこのようなものでした。

ユヌス氏

- マイクロファイナンスの定義は、最貧困層の女性たちが貧困から脱却できるように、無担保で、収入を生み出す活動のためにお金を貸すことであり、そうでない融資活動は少額のものであってもマイクロファイナンスとよぶべきでない。
●マイクロファイナンス機関は利益を出してもいいが、その多くが顧客以外の外部株主に配分されることは正しくない。
●そもそもマイクロファイナンス機関に外部資金は不要である。顧客からの預金を集めれば、顧客への融資に必要な資金は足りる。外部資金を受け入れると、マイクロファイナンス機関は顧客に集中できなくなる。

アクラ氏
●ＳＫＳの事業もマイクロファイナンスである。
●金融アクセスを拡げるためには早期の規模拡大が必要であるが、インドでは預金取扱金融機関になるのは困難である。なので、規模拡大のためには外部投資家からの資金調達が不可欠である。
●またＳＫＳは効率的な事業を行っており、この期間に金利を36％から24％に下げたが、ＲＯＥは５％から22％に改善した。事業成長速度もグラミンよりはるかに高かった。

このパネルが終わったあとに、議論の感想を聞かれたヴィクラム・アクラは「聖職者とディベートしているようだった」と語ったそうです。それは言い過ぎだとしても、似たような性質の論争は、同じ領域で活動している非営利組織と株式会社の間で時折見られるように思います。非営利組織も営利企業も経営してきた私としては、どちらの言い分もわかるというのが正直なところです。

寄付に頼ることができた第一世代と、それが不可能な第二世代

この論争の背景には、第一世代マイクロファイナンス機関と第二世代マイクロファイナンス機関が置かれていた状況の違いがあるように思います。それは、グラミンもＢＲＡＣもＡＳＡも、また先にすこし紹介したインドネシアのＭＢＫベンチュラも、大きな組織になるための初期段階はドナーからの寄付によって支えられていたこと、そしてそういったドナーからの寄付が近年においてはつかなくなっていることです。だからこそ、ＳＫＳなどは投資家からの資金をもとに事業を拡大せざるを得ませんでした。

もうすこし背景を説明しましょう。先述のように、２０００年代の前半ごろまで、マイクロファイナンスの資金調達元は投資家からの出資や融資でなく、国際機関や開発援助機関からの

寄付でした。当時においてマイクロファイナンス(主にマイクロクレジット)は開発援助の文脈で考えられており、そこから利益が出すことは期待されていなかったからです。

しかし、そういった流れが2000年代後半には変わることになります。その理由は大きくふたつです。

第一に、先にも話しましたが、第一世代のマイクロファイナンス機関がビジネスとしても成功したことです。後に述べるインパクト論争にかかわらず、少なくともマイクロファイナンス機関は途上国にいる大勢の低所得層に受け入れられ、事業は急拡大していきました。

試行錯誤の末にビジネスモデルを確立し、一定の規模に到達した後には、マイクロファイナンス機関はとても高い利益を出していました。自己資本利益率で20%以上という高いリターンをあげていたため、「これは事業としても儲かるのではないか」と考え参入する人たちが起業家にも投資家にも増えていきました。先のSKSの例にもあるように、毎年50～100%の成長を達成し、ROEでも20%を出せるようなビジネスであれば、ベンチャー・キャピタルが投資するようなスタートアップと較べてもパフォーマンス的にまったく遜色ないからです。これは特に最近のインドにおいては顕著なことで、世界中の著名ベンチャー・キャピタルやプライベート・エクイティらがマイクロファイナンス機関に出資をしています。SKSもアメリカの名門ベンチャー・キャピタルであるセコイヤ・キャピタルから出資を受けていました。

第二に、ドナーである国際機関や援助機関らが２０００年代の後半ごろから寄付の打ち切りの必要性を主張しはじめたことです。こういった主張の中心となったのは、世界銀行グループのオフィスに拠点を構えるＣＧＡＰでした。ＣＧＡＰにいる一部のエコノミストらは世界のマイクロクレジットの需要を推計し（近年において、マイクロ・中小・零細事業者向けの融資の需要と供給のギャップは１兆ドルと推定されています）、その金額を寄付で埋めることは難しいという主張をしはじめました。

こういった主張は世界中のドナーらの行動に影響を与え、近年においてマイクロファイナンス機関に提供される寄付はごくわずかなものになっていきました。第一世代の実務家らは、このＣＧＡＰの主張が、セクターを狂わせた誤りのひとつであったと批判しています。

私も含め、２０１０年代になってマイクロファイナンスで起業しようとする人々は、もはや国際機関や財団、開発援助機関などから大きな寄付を受けることは期待できませんでした。現在にいたっては、こういった開発援助機関等からの投融資すら減少傾向にあり、２０２０年代において寄付が得られるのは、デジタル金融サービス開発のためのパイロット研究や、気候変動関連のプロジェクトなどに限られています。よって、よほどの資産家でないかぎり、マイクロファイナンス事業を行うためには外部投資家から資金調達をする必要が生じました。

営利企業であるマイクロファイナンス機関運営の難しさ

ここまで読んでいて「マイクロファイナンスはきちんと利益が出るビジネスモデルとして確立されたのだから、商業ベースの投資家や金融機関から資金調達をして事業を成長させることの何が悪いのか」と思う人もいるでしょう。ＲＯＥ20％超のビジネスなのであれば、こういった商業ベースの投資家を満足させることは難しくありません。かくいう私もそういうふうに思っていました。

とはいえ、10年もマイクロファイナンスの企業グループを経営していると、正直なところ、寄付によって支えられ大企業となったマイクロファイナンス機関らをうらやましく思うことが少なくありません。

先のパネルで紹介していたように、グラミン銀行の株主は95％が顧客で、残りはバングラデシュ政府などです。ですので、グラミンの経営者らは顧客利益の最大化のためになんの迷いもなく取り組むことができます。

一方で、外部機関投資家から資金調達を受けたマイクロファイナンス機関は、顧客利益の最大化と株主利益の最大化の間で板挟みになることが少なくありません。もちろん、「長期的な株主利益最大化は、顧客の利益を最大化することによってこそ実現させることができる」という主張はできます。しかし、そういった主張をする経営陣は、株主から訴訟を受けるリスクを負わないといけません。そのリスクは、上場後にはさらに大きくなります。たとえば、顧客第一主義を掲げる上場マイクロファイナンス機関のパフォーマンスが悪化し、株価が下落したとしましょう。そういったとき、「金利を上げてでも利益を確保するべし」という株主のプレッシャーに対して抗い続けるのは容易なことではありません。

例をあげましょう。先に紹介したSKSは、苛烈な資金回収実務が一因となり、一部の村で顧客が自殺するという事件を起こしました。これはインドの政治を巻き込んだ大きなマイクロファイナンス危機に発展し、一部の州では最近までマイクロファイナンスが禁止されるようになりました(なお、SKSの名誉のために伝えておくと、元々インドでは非効率な政府系マイクロファイナンス機関が少なくなく、SKS以前にも顧客の自殺は同様に発生しており、危機の発端となった100人以上の集団自殺におけるSKS顧客の割合は全体の4分の1にも満たないものでした)。このマイクロファイナンス危機の中でマイクロファイナンスが禁止されたアンドラ・プラデシュ州はSKSの主要な事業拠点のひとつであり、これによってSKSの経営は大打撃を受けます。

株価は急落し、その後名前をBharat Financial Inclusionと変えるものの業績はふるわず、後に上場時よりもはるかに低い価格でインドの商業銀行であるインダスインド銀行に買収されることになりました。

なぜこのようなことが起きたのか、ＳＫＳの創業者であるヴィクラム・アクラに会って聞いたことがあります。彼は「自分が間違えたのは資本構成だ。ベンチャー・キャピタルをはじめとする投資家のシェアが高すぎた。彼らが過半数を取るようになってからは取締役も株主派遣の人々が増え、ＳＫＳの経営を自分でコントロールすることはできなくなっていった」と話していました。それでも彼に責任がないというわけではありませんが、この出来事は資本主義と社会的インパクトの両立が難しいことを示す事例でしょう。ＳＫＳの投資家であったセコイヤ・キャピタルはそれでもこの投資から利益をあげ、これによって同社の投資家からの評判が傷ついたという話を私は聞きません。

念のためですが、私はもともとプライベート・エクイティの投資プロフェッショナルでしたので、こういった投資ファンドが悪だというつもりはまったくありません。ベンチャー・キャピタルやプライベート・エクイティの投資家の大部分は年金基金や保険会社などであり、こういった投資家から預かった資金を1円でも増やすことは、重要な仕事です。こういったファンドがリターンをあげられないとなると、大勢の国民の年金給付が減ってしまいます。

なお、近年においては、投資の金銭リターンのみならず社会的インパクトにも着目するインパクト投資や、環境・社会・ガバナンス（ESG）を重視するESG投資がより注目されるようになり、主要な投資家らもほとんどがこれに則っていると主張しています。ですが、インパクト創出をしていたりESG基準を満たしているからといって、リターンを下げることを堂々と許容する大手投資ファンドに私は出会ったことがありません。世界銀行グループの一社であるIFC（国際金融公社）であっても、投資リターンについては厳しく見ています。世界で最も長期目線で忍耐強い資本を提供しているのは、日本の投資家であるというのが個人的な感想です。

ベンチャー・キャピタルやプライベート・エクイティをはじめとする機関投資家があくなき利益追求のために全力を尽くすのは、彼女ら・彼らの使命なのです。問題は、そういった機関投資家と、往々にして最も弱い立場にある人々を相手に商売をするマイクロファイナンス機関の間には、矛盾や葛藤が常に存在しているということです。営利企業としてのマイクロファイナンス機関が貧困削減に貢献できるのかという点については、第6章で詳しく説明します。

こういった行き過ぎがあり、マイクロファイナンスが産業として非難の対象となるようなことも増えました。結果として、国際機関やNGOらが中心となって顧客保護原則や社会的パフォーマンス監査の枠組みを確立していくようになり、マイクロファイナンス産業もさらに発展していきました。

＊

この章では、信用組合を含めたマイクロファイナンスの簡単な歴史と、この20年間における第二世代マイクロファイナンスの葛藤について書いてきました。次の章では、ここ10年の間で大きな進歩を遂げてきたデジタル金融サービスと、それが金融包摂にもたらす可能性について書いていきたいと思います。

第5章　金融包摂におけるフィンテックの成果と課題

1　テクノロジーによる変革

この10年間で、デジタル金融サービスは世界中に瞬く間に広がりました。10年前までは、金融サービスといえば従来型の金融機関の独壇場であり、インターネット上で金融サービスを使おうとしたら、ウェブサイトにログインし、長いパスワードを入力したりする必要がありました。それが今や、多くの銀行やクレジットカード会社がアプリを提供しており、ほぼすべてのサービスがオンラインで完結するのみならず、支払いに関してはアプリを用いたQRコード決済がかなりの割合を占めるに至りました。

本章では、こういった変化の裏側にある技術進歩の土台について書き、それが金融産業をどのように変革してきたのかを話したあとに、代表的なフィンテック企業にふれ、それが途上国の金融包摂をどのように変えてきたのかを話します。その後に、フィンテック企業らが直面している課題と、それを乗り越えるための方針について書きます。

ここでいうフィンテック（Fintech）とは、情報処理技術を用いて従来とは異なる形態で提供される金融サービスのことを指します。たとえばアプリを通じてすべての銀行口座・クレジットカードの情報をひとまとめにできるようなサービスはフィンテックといえます。そして、フィンテックを提供する企業をフィンテック企業といいます。

なお、フィンテックという言葉は突き詰めていくとわからなくなるもののひとつです。というのも、金融機関は従来より情報処理技術を積極的に取り入れており、どこからが従来の金融サービスで、どこからがフィンテックであるかの線引きが難しい場合があるためです。日本でもたとえばソニー銀行やセブン銀行などはフィンテック企業であるともいえます。また、多くのフィンテック企業は設立から年数が浅いスタートアップですが、創立数十年以上が経っている銀行が試行錯誤の末最も先進的なフィンテック企業となる場合もあります。

ですので、このフィンテックという言葉の定義はあまり厳密でないことをご容赦ください。

情報処理技術発展の土台

情報処理技術の進歩は、大きく５つの要素を必要としています。本書はテクノロジーの本ではないので概要にとどめますが、簡単におさらいしましょう。

①デジタル化されるデータ量の増加

計算機（コンピューター）によって情報を処理するには、実世界にある様々な事象をデジタルデータに置き換えないといけません。たとえば声は本来は波動ですが、それはデジタルデータに置き換えることによって機械による処理が可能になります。インターネットの普及、ＩｏＴデバイスの増加、スマートフォンの利用者数の増加など、多くの要因により、毎日膨大な量のデータがデジタル化されています。ＩＤＣによると、２０２３年現在、毎日生成されているデジタルデータの量は０・３ゼタバイト（３０００億ギガバイト）に及びます。

②データを貯蔵するストレージ技術の向上

当然ながら、生成されたデータは貯蔵されないと使うことができません。それを貯蔵するストレージ技術も進歩が続いています。世界中に巨大なデータセンターが作られており、このデータ貯蔵量の増加は目覚ましいものがあります。過去34年で貯蔵されているデータの量は約

3000倍になりました。

③データ流通速度の向上

デジタルで生成されたデータを貯蔵し利用するためには、可能な限り速くデータを転送しないといけません。これについても、たとえば3G、4G、5Gとモバイル通信が進化したり、光ファイバー回線が導入されたりすることなどにより、データを高速にやり取りすることが可能になりました。

④計算機の能力向上

生成・貯蔵・流通するデータが増え続けるのであれば、そのデータを処理する計算機の能力も同様に向上していかないといけません。ムーアの法則(法則というよりも経験則ですが)に基づき、コンピューターの計算能力は、年率平均50％程度の速度で成長をしてきました。

計算機の能力向上とストレージ技術向上は、情報処理機器を小型化させました。10年前から世界を席巻してきたスマートフォンは、ポケットにおさまるコンピューターであり、3G回線が世界を覆うようになってようやく実用化されたわけです。

⑤アルゴリズムの進歩

計算機の計算能力のみならず、計算機を効率的に動かすためのアルゴリズムも進化してきました。アルゴリズムは、問題を解決するための処理手順のことであり、計算機に実行させる場合には、プログラム言語などを用いて実装されます。たとえば、99×１０１をそのまま計算するのではなく、

（１００－１）（１００＋１）＝１００の2乗－１の2乗＝９９９９

と解くのは一種の手計算アルゴリズムです。アルゴリズムをうまく組めば計算機に対してより効率的にデータ処理をさせることができるようになります。

アルゴリズムは、これまでに述べた4つの要素とともに進化します。たとえば数年前から一世を風靡しているディープラーニング（深層学習）の元となるニューラルネットワーク（人間の脳の神経のつながりから着想を得てつくったアルゴリズム）のアイデアは半世紀ほど前から存在していました。しかし当時は、データの量も、コンピューターの演算速度も十分ではなかったので、あまり有効なアルゴリズムにはなり得ませんでした。つい最近までは、数多くの条件式によって判定をする「エキスパートシステム」が主流だったのです。

しかし近年において、データの量と計算機の演算能力が閾値《いきち》を超えた結果、この深層学習は目を見張る成果を生み出してきました。数年前にDeepMind社(今はGoogleの子会社)が開発したアルファ碁が世界のトップ棋士を打ち負かしたのは大きなニュースになりました。

世界を賑わしたChatGPTも、世界中にある大量のテキストデータをもとに、トランスフォーマーという深層学習のアーキテクチャを用いて作成されています。そして、多くの開発者たちを驚かせたのは、その性能が、データ量が一定水準を超えたタイミングで劇的に向上したことです。これは、アルゴリズムが、データ量・計算機能力に応じて進化することのよい例ではないかと思います。

まとめると、データの生成・貯蔵・転送量、計算機の演算能力、そしてアルゴリズムという要素が相互に影響し合いながら、私たちの情報処理技術を絶えず押し上げています。そして、生体情報のように、いまだ十分にデジタル化されていない膨大なデータが存在しますし、計算機の性能も半導体技術や新たなアーキテクチャの発展によって今後さらに向上が見込まれます。これらの要素が高次元で融合するにつれ、アルゴリズムもより効果的かつ洗練された形へと進化し続け、結果として情報処理技術そのものが一層高度化していくことでしょう。

情報処理技術と金融はともに進歩してきた

ここまでで、本書でフィンテックを語るのに十分なことは書きましたので、本題に移ります。先にも述べたように、金融産業は情報処理技術の進歩を最初に取り入れてきた産業のひとつでした。いくつかの例をあげてみましょう。

マイクロソフトエクセルのような表計算ソフトが導入されたとき、それを真っ先に仕事に導入した企業のひとつはプライベート・エクイティ・ファンドであったといわれています。表計算ソフトが登場する以前、企業を買収した後の財務予測は巨大な紙に表を描き、そこに数字を入れ込むことによって行われていましたが、表計算ソフトの導入によってそれは不要になりました。投資ファンドの人々は、最後まで変わり続ける前提条件をもとに、どの程度の価格であれば企業を買収しても満足できるリターンをあげられるかについての計算が投資直前までできるようになり、これは企業買収における価格競争において大きな役割を果たしました。

株式市場において、コンピューターを用いて取引を行う人々は20世紀の後半ごろから一気に増えました。近年においてそういったアルゴリズムベースの取引は増えるばかりで、市場の不安定化の一因にもなっています。

融資業務においても、昔からアルゴリズムは用いられてきました。金融経済学の学者や金融機関内の研究者らは、過去のデータをもとに企業の倒産予測モデル（信用リスクモデルともいわれます）を作成し、それを融資の審査に活かしてきました。今でもこのようなモデルの精度は高く、かつモデルが示唆することの説明がしやすいので、30年以上前につくられた信用リスクモデルを土台にして融資可否の判断に役立てている企業が少なくありません。

本書の前半で述べましたが、そもそもお金というのは情報に他ならず、それを記録・処理するのはデータを処理することと変わりません。また、金融取引における大きなコストのひとつは情報の非対称に基づくコストであり、それはすなわちデータの生成、貯蔵、転送、処理にまつわる問題なのです。本質的に金融産業は情報処理産業なのであり、情報処理技術とともに金融産業が発展・変化していくのは当然のことともいえます。

より抽象的な言い方をすると、金融産業におけるイノベーションは、お金とそれに関連する情報の生成、貯蔵、転送のどれかにおいて発生するものです。用いられる技術が変わっても、この本質が変わることはないでしょう。

2 フィンテックの最前線

フィンテックの勃興

この章では金融包摂に大きな役割を果たした、フィンテック企業を4社紹介します。フィンテック企業が大成功を収めている多くの国は中低所得国です。先進国発で大成功を収めた企業といえばペイパルくらいのもので、主要な事業者のほとんどは中低所得国出身です。

これにはふたつ理由があります。第一に、途上国では良くも悪くも規制当局が強くないことが多く、事業者等が実験的な事業をしやすかったということがあります。先に述べたように、規制当局が強くないと悪徳事業者がのさばりやすいという問題もあるのですが、革新的なサービスが生まれやすいという利点もあります。

第二に、先進国においては、すでにある程度の金融インフラが確立しており、人々の多くがそういった既存の金融サービスに慣れ親しんでいることです。先進国ではすでに銀行間の決済システムが安定稼働しており、クレジットカードによる決済システムも浸透しています。こういう国においては、スマホなどを利用した金融サービスが便利だとしても、よほどのことがないと乗り換えが起きません。

サービスを乗り換えることには一定の心理的なハードルがあるので、多くの人間は、多少不便であっても従来の方法を利用します。慣れ親しんだ方法から新しい方法に人々を乗り換えさせるには、たとえば高速道路でのETC導入のような大胆なことをしないといけませんが、民間企業が単独でそれを行うのは容易ではありません。だからこそ、基本的な金融インフラが揃っている先進国で巨大フィンテック企業が生まれるのは困難なのでしょう。先進国であっても評価額が1兆円以上になっているフィンテック企業といえばペイパルやワイズなどですが、こういった企業らの躍進の背景には、インターネットとともにECが勃興した時期にそれに対応する決済サービスが不在だったこと、先進国においても個人間の海外送金だけは不便である状態が長続きしていたことなどがあり、同企業らは、そのような不備が存在したからこそ成長したのです。

それに対して、2000年代における多くの中所得国においては、決済インフラがそもそも存在していませんでした。あったとしても、コストが高く、利用者が支払わないといけない手数料も高かったのです。言い換えると、既存サービスが、我慢ならないほどに高価で使いにくかったということです。

数十年前からスマホ登場以前まで、決済の手段といえば小切手、口座引落やクレジットカード決済でした。しかし、こういった決済インフラを構築するのは大規模投資を必要としますので、途上国でそれを構築しようという事業者は20年前には存在しませんでした。そんななか、スマホが登場したことで、より低いコストで決済インフラを構築することができるようになりました。すでに確立されている3G回線の上に仕組みをつくれば良いからです。

スマホを決済手段にするのに際して生まれたのがQRコード決済です。QRコードは、もともとは日本のデンソーウェーブ（デンソーの子会社）が1994年につくった2次元バーコードです。当初の利用目的は自動車部品の識別でした。QRコードは簡単に生成することができて、かつ作ることができる組み合わせも10の数千乗になるので、大勢の人が多くの回数使用しても（たとえば100兆回ランダムにコードを生成したとしても）コードが重複する可能性はほぼゼロになります。

アントグループ

こういった特徴に目をつけて、スマホによる支払いにQRコードを利用したのがアントグループでした（同社の名前は、アリペイ、アントフィナンシャルを経てアントグループとなっています）。中国のEC大手であるアリババがアリペイの名前で始めたQRコード決済、そしてライバル企業であるテンセントが提供するウィーチャットペイは、瞬く間に中国全土に広がっていきました。これまでの説明と重複しますが、それにはいくつかの理由があります。

第一に、中国には当時クレジットカード決済や非接触型決済のインフラがほとんど存在していなかったこと。

第二に、先述のように、QRコード決済網をつくるための設備投資は安くすむため、決済手段を利用する小売事業者に請求される手数料も低くなったこと。実際にいまも、小さなお店がクレジットカードでの決済を導入しようとすると、取引の3〜7%程度の手数料をクレジットカード事業者に払わないといけません。QRコードの場合は高くても3%程度でしたので、コスト感覚が厳しい中国の店舗経営者らにも受け入れられていきました。

第三に、QRコードは状況に応じて固定させることも、取引ごとに固有のコードを生成することも容易であったこと。たとえば、払込みを受けるためだけに用いるQRコード(たとえば店舗のQRコードなど)であれば固定のものであっても構いませんが、支払いに用いるQRコードが固定されているとお金を第三者に奪われてしまう可能性があるので、このコードは都度変えるのが安全です。こういった操作もスマホ上で完結するので、手間をかけずにコードを生成することが可能でした。

上記のような理由により、QRコードを用いたスマホ決済は中国で瞬く間に増えていきました。なお、現時点でアントはQRコード以外にも、NFCによる非接触型決済(たとえばSui ｃａのようにかざして決済するものです）、顔認証決済などにもひろく対応しています。スマホを用いて決済が行われることにより、膨大な支払いデータが蓄積されるようになり、また次の展開が生じます。

アリババはＥＣのトッププレーヤーであり、テンセントはメッセージアプリのトッププレーヤーでした。すなわち、これらの企業はすでに顧客の購買行動やコミュニケーションについての情報を保有していたわけです。これらと支払いの情報を組み合わせると、より高い精度で顧客理解をすることができるようになっていきました。

そして、アントグループは様々な金融サービスを顧客に提供していくようになります。その中でも特に成功したのが余額宝《ユエバオ》とよばれるＭＭＦ（マネー・マーケット・ファンド）で、これは利用者からすれば、流動性が高いにもかかわらずきちんと利息をもたらしてくれる商品でした。２０１５年ころには、中国の若い世代のほとんどは、給料日にアプリを開き、振り込まれたお金の一部をユエバオに、一部をいつでも引き落とせる預金に、一部を投資信託等に振り分けるようになっていきました。

アントグループがつくりあげたものとしてもうひとつ特筆すべきは芝麻《ジーマ》スコアとよばれる信用スコア（ある人の信用力をスコア表示したもの）でしょう。信用スコアは世界中で用いられていますが「信用情報を生活シーンに活用し、延滞や不払いなどの信用失墜行為に対する制裁を生活シーンにも及ぼせるようにする」ことを目指したという点において、これは先進国によくある信用スコアと一線を画すものになっています。

ジーマスコアを構築するために、アントは全力を尽くして顧客の情報を集めました。スコアに用いられている情報のうち、もともとアリババグループが有していたのはたった10%で、2020年時点でも外部に数百のデータ提供パートナーを有しています。彼らが集めた情報はたとえば、学歴・学籍、公共料金支払状況、社会保険の納付状況、納税状況、裁判の情報、賃料支払状況、様々な取引における違約情報、住所履歴、人間関係など様々です。

ジーマスコアはたしかに機能し、それは顧客の返済確率の予測に役立ったのみならず、開発者たちの思惑どおり、社会の様々な場面で使われるようになりました。たとえば、デート相手を探すマッチングサイトに登録するときもジーマスコアの登録が必要とされ、そのスコアが低いとよい相手とマッチングされなくなりました。

ジーマスコア成功の理由は大きくふたつあります。

第一に、アントグループによる凄まじい企業努力です。同社は数百におよぶデータ提供パートナーと交渉してデータを集め、その正確性を担保するために膨大な労力を割き、そしてそれを解析して信用スコアリングに組み込むためにデータサイエンティストを大量に雇用しアルゴリズムを磨き込みました。アントグループの歴史について書かれた『アントフィナンシャル——1匹のアリがつくる新金融エコシステム』を読むと、同社の人々が血のにじむような努力をしてデータを集め、スコアリングモデルを構築してきたことがわかります。

第二に、こういったデータ収集と、それに基づいてスコアをつくり、それを社会実装することをよしとする中国社会です。アントグループの人々は「人が実直に働いて築いた信用を、金融のみならず生活全体に役立つようにしたい」という思いをもって始めたのかもしれませんが、このジーマスコアはある意味で強力な監視システムでもあります。もちろんこういった監視システムは、世界中の小さな村において昔から存在してきたものですが、アントグループはそれを国全体にくまなく拡げてしまったわけです。自由権を重視する国では、こういった監視システムをつくりかねないデータ収集についてはある程度の制限がかかりますが、中国ではそうはなりませんでした。

もうすこし詳しく説明しましょう。小さな村などの共同体では、お互いがお互いのことをよく知っていますので、なにか悪いことをすると、村社会において制裁を受けるようになっています。たとえば「村八分」はそういった制裁システムです（村八分された人は、葬儀と火災以外において他の村人から支援を受けられない)。それは窮屈といえば窮屈ですが、村に住む人たちにはまだ、「嫌だったら村を出る」という選択肢が残されていました。

しかし、アントグループは、テクノロジーと企業努力により、この村社会的なしがらみをデジタル化させ国全体にあまねく実装してしまいました。これによって、中国に暮らしている限り逃げ場がなくなってしまったわけです。

一般論として、異なる種類のデータ(たとえば犯罪履歴、信用履歴、ソーシャルメディアでのやりとりなど)を、本人の同意なしにひとつの組織が保有するようになると、専制主義的な仕組みがつくられやすくなります。というのも、他人にあまり明かしたくないような情報をすべて知っているというのはきわめて強い力の源泉になり、そのような情報を保有する組織に対するチェック機能が弱いと、力は濫用されていくようになりがちだからです。いま行われているのはある意味で壮大な社会実験であって、これがどう着地していくのか、私はとても注目しています。

金融業は規制業種なので、規制当局が事業者の生殺与奪権を握っており、当局の意思決定次第で企業は成長も失速もします。たとえばアントグループはもともと規制当局からの監督が軽い事業者でしたが、2021年には同社が金融持株会社として銀行らと同様の規制を当局から受けることが決まりました。これによってアントグループがいままでのような自由な活動をしていくことは困難であろうという見方が広がっています。

ヌーバンク

南米で最も注目されているフィンテック企業といえばヌーバンク(Nubank)です。ブラジル発のこのスタートアップは、ブラジルで圧倒的なポジションを築いたうえで、2020年からはメキシコとコロンビアでも事業を開始しています。顧客数はすでに8500万人を超え、ブラジルの成年人口の半分が使うサービスにまで成長しました。2021年末にはニューヨーク証券取引所に上場し、2024年現在も500億ドル以上の時価総額で評価されています。

アントグループがQRコード決済で大きく事業を伸ばしたのに対して、ヌーバンクが事業を伸ばすきっかけとなったのはクレジットカードです。元来ブラジルでは金融業界が寡占の状況にあり、金融サービスの手数料も借入金利も高いうえ、不便な状況が続いていました。創業者のひとりであるコロンビア人のデビット・ペレスは、アメリカの名門ベンチャー・キャピタルであるセコイヤ・キャピタルの現地事業開拓のためにブラジルに赴任した際に、銀行口座を開設するのにすら苦労したそうで、それが起業のきっかけのひとつになっているそうです。

当時、基本的なクレジットカードですら年間手数料が20ドル、その他手数料も高くかつコールセンターにもまずつながらないブラジルにおいて、ヌーバンクはすべての申請手続がアプリ上で完結し、手数料がほぼ無料のクレジットカードを配布するところから事業を始めました。従来の金融機関による低品質なサービスに辟易としていたブラジル人たちは大挙してヌーバンクのカードを申請し、1年後には100万人以上がカードを申請するに至りました。なお、クレジットカード事業から始めた理由のひとつには、外国資本の企業であったヌーバンクが銀行業ライセンスを取得するのは困難だったという事情もありました。

最初はこのような決済サービスから事業を始め、5年後の2019年には融資のサービスにも着手します。その後保険や資産運用など、様々なサービスにも事業を展開しています。

ヌーバンクは、決済用口座と固定金利付きの預託証書を組み合わせて預金口座に似た仕組みをつくって提供しています。外部からの保証も得て、もしヌーバンクが破綻した場合には一定額までは返済されるようにもなっています。アントグループが大きく事業を伸ばしたユエバオに類似したサービスです。

ヌーバンクをはじめ、金融機関が提供してきたサービスをスマホ上のインターフェースで提供するフィンテック企業らはネオバンク、チャレンジャーバンクとよばれたりもします。厳密に考えると、ネオバンクと先進的な銀行が自前で開発するアプリには違いがないので、このネオバンクという名称は、スタートアップ側の宣伝という意味合いもあります。とはいえ、人口に膾炙《かいしゃ》している言葉なので、本書でもネオバンクとよぶことにします。また、金融機関に対してアプリ開発などのインターフェース構築を行うサービスのことを、BaaS《バース》(Banking as a Service)と呼んだりします。

ネオバンクであるフィンテック企業らは、特に成長著しい段階においては比較的容易に取得できる金融ライセンスしか保有していない場合が多いです。ヌーバンクが最初に保有していたのも決済に関するライセンスのみで(日本でいうと資金移動業にあたります)、その他のライセンスについては保有せず、既存の金融機関と協業することでサービスを展開していました。

もうすこし詳しく説明しましょう。ネオバンク事業者であるスタートアップらの強みは往々にして優れた顧客体験をつくることにあります。使いやすいアプリや、可能な限りシンプルにされた手続きなどを設計するのは、多くの場合において伝統的な金融機関には不得意です。そこで、こういった事業者らは、既存の金融機関と提携してサービスを提供することになります。顧客の窓口にいるのはフィンテック企業ですが、実際に金融サービスを提供しているのは金融機関というわけです。様々な保険会社の窓口業務を行っている会社をイメージするとわかりやすいかもしれません。顧客が支払う利息や手数料や貸倒時の損失などは、金融機関とネオバンク事業者の間で予め合意されたやりかたで分配されます。

こういったネオバンク企業と提携することで、既存金融機関はこれまでにアクセスできなかった顧客層にサービスを提供することができますし、ネオバンク側は自分たちが直接やり取りする顧客を一気に増やすことができます。

なぜネオバンクが銀行業免許のような取得難易度の高い免許を取得しない場合が多いかというと、こういった免許を取得・維持するために必要なコストが桁違いに大きいからです。たとえば日本で銀行業免許を取得しようとしたら、システム投資だけで数十億円は必要であるといわれており、しかもそれだけのコストをかけても失敗する場合すらあります。一時期、あるインターネット企業が日本の銀行と共同でデジタル銀行業免許を取得しようとして頓挫しましたが、その要因のひとつはシステムがうまく作れなかったためといわれています。金融機関の基幹システムをつくることは困難な作業で、テクノロジー企業であっても簡単に解決できるようなものではないのです。

システムの開発・保守だけでも負担が膨大であるのに加え、マネーロンダリング規制遵守をはじめとした様々な法令遵守のためにも人員が必要です。そもそもスタートアップにそんな企業体力はありませんし、資金が十分にあるとしても、こういった規制対応をやりきるだけで少なくとも3年はかかってしまいます。

なお、一般的に取得難易度が高い免許に共通する点は、「免許を保有する金融機関側が顧客に対して支払い義務を負う場合がある」事業であることです。その典型は預金で、預金を預かっている金融機関は、顧客が預金を引き出そうとしたら当然にお金を支払わないといけません。何かの不具合があって預金が返ってこないようなことがあったら困るわけです。他にもあげられるのは保険です。事故があっても保険金が支払われない保険会社があったら問題になります。逆に、融資であれば、金融機関が個人に融資をしたとして、その借り手が返済しなかったとしても、損失を受けるのは金融機関側となりますので、そういった活動を行うための免許は比較的容易に取得することができます。

違う言い方をすると、規制当局が大切にしていることは「知識や理解がまばらになりがちな一般の人々が詐欺に遭わないように力を尽くす」ことです。たとえば投資ファンドなどの有価証券の販売などにおいて、一部のプロ投資家向けに販売をする場合と、ひろく一般の人々に販売する場合で規制が大きく異なっているのも、同じ趣旨によるものです。規制当局がこういった努力をしているからこそ、多くの先進国では大勢の一般人が大きな損失を被るような事態が生じにくくなっているわけです。

このような事情で、銀行業免許などの取得難易度が高いからこそ、ネオバンクは初期において顧客接点の作り込みに特化する場合が圧倒的に多いのです。自分たちが得意な領域においてサービスを作り込み（ヌーバンクの場合は、クレジットカード利用体験でした）、既存金融機関と提携をしながら事業を拡大していくという戦略を多くのネオバンク企業らはとります。そして、国内において最大の事業者になると、今度は顧客接点をすべて握っているネオバンクらは既存金融機関に対して優位に立ちますので、そのタイミングで金融機関らに対して手数料の取り分を大きくするように要求したり、もしくは金融機関を買収したり、新規にライセンスを取得したりする、というのが基本的な戦略となります。既存金融機関側からすれば「ひさしを貸して母屋を取られる」ということになりますので、それを避けるためには、金融機関側もネオバンクから学びつつ、いざという時には自前でもサービスを展開できる能力を備えていく必要があります。

なお、ネオバンクらがどういった戦略を採用するかは、規制当局の状況に大きく依存しています。先に、預金を取り扱う免許は取得難易度が高いと話しましたが、これはあくまでも一般論であって、一部の途上国（たとえばフィリピンなど）では比較的容易にライセンスを取得できたります。

さて、より所得の低い国に目を移して、最後にケニヤのエムペサとインドのペイティーエムの話をしましょう。

エムペサ

本書で紹介しているフィンテック企業のなかでは、エムペサ(M-PESA)は老舗といえます。なお、Mはモバイルの M、ペサはスワヒリ語でお金のことです。

ボーダフォンが株式の40%を保有するサファリコム(ケニアの通信企業)がこのサービスをケニアで開始したのは2007年のことで、アリペイが始まるよりも5年前のことです。はじまりは2002年にイギリス政府が助成金を提供したプロジェクトで、当時ものすごい勢いで広がりつつあった携帯電話を用いた金融サービスについて研究した結果生まれたサービスでした。

この事業が始まった当時、スマートフォンはほとんど普及していなかったため、エムペサが利用したのはフィーチャーフォンのSMS通信ネットワークでした。エムペサの利用者は、自分の携帯電話に紐づいている資金を、他の携帯電話番号に紐づいている相手に対して送金することができます。資金を受け取った人はSMSで通知を受けます。そして、近くにある代理店にいけば、現金を引き落とすことが可能であるというサービスです。

このサービスは事業開始から5年で2000万ユーザーを超えることになります。エムペサは、フィンテックの歴史上でも最も初期に成功したサービスといえるでしょう。現在はもちろんスマホ向けのサービスも提供しており、提供されている主なサービスは預金と送金・支払となっています。

エムペサがこのような形で広く普及するようになったことには理由がふたつあります。第一に、そもそも金融機関に口座を有する人が当時のケニアには少なかったため、個人間の送金を安全に行う手段が存在しなかったことがあげられます。

もうひとつの重要な理由は、携帯電話料金が前払いであったということです。

いまも日本をはじめとする先進国では、旅行先でSIMカードを購入したりしない限り、携帯電話料金は後払いとなっています。利用者は携帯電話を使い、その利用実績に基づいて通信会社から請求書がやってきて、それが口座から引き落とされたりするわけです。こういった支払手段は、たいていの人が金融機関に口座を保有し、かつ一定の信用履歴があるからこそ可能なものです。

しかし、途上国はそのような状況にありませんでした。今でも多くの途上国における携帯電話料金は前払いが基本です。代理店のところに行ってお金を支払ったり、もしくは広く国中に配られている「トップアップカード」を購入したりすることで(カードを購入して、コイン等でカードの表面を削って出てきた数字を携帯電話に入力すると残高が増えます)、携帯電話使用のための残高をつくり、そこから通話や通信をするわけです。

携帯電話料金が前払いだったからこそ、携帯電話に紐づいた残高が生まれ、だからこそ、その残高の一部を誰かに送ろう、という発想が生まれたわけです。後払いだったらそういう発想にはならなかったことでしょう。

他のサービス同様、エムペサも初期においては顧客獲得に苦労しましたが、通信料金をエムペサで支払えば割引がされるということをきっかけにユーザーを大きく伸ばしていきました。今となっては、エムペサはケニアの誰もが当然に使用するサービスとなっており、サファリコムの株主であったボーダフォンを通じて、ケニア以外の多くのアフリカの国(コンゴ民主共和国、エジプト、エチオピア、レソト、モザンビーク、南アフリカ、タンザニアなど)で用いられています。

人口密度が低くなりがちなアフリカにおいて、既存のマイクロファイナンス機関がサービスを届けようとするといつもネックになっていたのが営業コストでした。従業員が顧客を訪問しようとするとかなり長い距離を移動する必要があり、結果として営業費用がとても高くついてしまうのです。エムペサの登場によって支払いが楽に行えるようになり、結果として多くのマイクロファイナンス機関が農村部においてもサービスを提供しやすくなりました。その点において、決済事業者であったエムペサが金融包摂にもたらしたインパクトは大きいといえます。

ペイティーエム

最後はインドのペイティーエム(Paytm)です。

創業者のビジェイ・シャルマは連続起業家(2回以上起業をしている起業家)で、世界経済フォーラムのヤング・グローバル・リーダーにも選出されています。大学在学時から様々なインターネットサービスに取り組んできました。大学時代に始めた会社は倒産し、新しく再起をはかってOne97 Communicationsを創業したのは2000年でした。なお、2000年当時、インドのインターネットユーザーは1000万人(人口の1%未満)にもなりませんでした。創業から10年の間彼が取り組んでいたのは、着信音の作成、インドのボリウッド映画の音楽のオンライン配信、検索サービスといったもので、それらは大成功したとはいえないような状態でした。

転機が訪れたのは創業から10年経った2010年です。iPhoneが登場してから3年が経ち、スマホでの決済がこれからの潮流であると見越した彼は、取締役会を説得し決済事業に大きく舵を切ります。そうして始めたサービスが「Pay Through Mobile（モバイルによる支払い）」で、これが略されペイティーエム（Pay＋T＋M＝Paytm）とよばれるようになります。このタイミングからはベンチャー・キャピタルによる出資を受け、スタートアップとして事業を展開していくようになります。２０１４年にはモバイルウォレットのサービスを開始しました。

同社にとっての次の転機は、アントグループ（当時はアリババ）からの出資でしょう。２０１５年にアントグループが同社の株式の40％を取得し、技術供与を開始します。そうして、アリペイが実施していたＱＲ決済をペイティーエムも導入していきます。

次にペイティーエムが飛躍するきっかけになったのは、インドの政治でした。汚職摘発を掲げてナレンドラ・モディ首相がインドにおける高額紙幣の廃止を２０１６年に断行した結果、インド経済は一時的に大混乱に陥ります。銀行には紙幣を銀行に預けたり新紙幣に交換しようとする人々で長蛇の列ができ、現金での返済がメインだったマイクロファイナンス機関らの延滞率は一気に上昇しましたが、これは大勢の人々がデジタル金融サービスを利用するきっかけにもなりました。

また、同じく２０１６年にインド政府は世界で最も先進的なデジタル送金基盤であるＵＰＩ（United Payments Interface）を国家主導で開発し、デジタル事業者らは全員これを安価で利用することができるようになりました。なお、このＵＰＩの登場により、手数料が高価なクレジットカードはインドにおいて一気に人気が衰えていきます。

こういったことを背景に、デジタル決済を用いる人が急速に増加していき、ペイティーエムはその流れに乗って事業を急拡大させました。２０１７年には１００億ドル以上の評価額でソフトバンクから出資を受け、後にも多くの資金調達をしながら事業を拡大させていきます。なお、日本で圧倒的なシェアを誇る支払いアプリであるペイペイは、このペイティーエム社チームによる技術協力によってつくられたアプリです。

２０２１年には上場し、当時は１００億ドル以上の時価総額で評価されていましたが、その後同社の株価は上場時の３分の２にまで落ち込んでいます。実際、本書を執筆している２０２４年時点で、ペイティーエムは決してナンバー１サービスとは思われていないのが実情です。

理由はいくつかあります。第一に、インドの苛烈な競争環境です。後でも述べますが、決済事業は独占的なシェアを獲得しない限り利益がでないビジネスです。ペイティーエムは決済のみを提供している事業者であるのに対し、決済以外のサービスを提供している事業者は決済で儲けなくても他サービスで儲けるつもりで事業を拡大することができます。

　また、グーグルペイ(グーグル社の決済サービス)も提供するグーグルが、一時的にペイティーエムをグーグルストア(アンドロイド携帯のアプリストア)から締め出すということも起きました。グーグルはペイティーエムがアプリストアの規約に違反したからと主張していますが、実情はわかりません。結果として、現時点でのデジタル決済の市場シェアは第1位がウォルマートが展開するフォンペ(PhonePe)で約4割、2位がグーグルペイで約3割、そしてペイティーエムのシェアは15％にまで落ち込んでいます。

　第二に、同社の株主構成と地政学的変化です。中印関係は年を追うごとに悪化の一途をたどっており、２０２４年現在にいたっては、中国系の企業がインドの金融機関の株式を保有することは困難になっています。中国系の企業から出資を受けた金融事業者の多くが、中国系の株主を取り除くように中央銀行から強く指導を受けているのが現状です。

　先に述べたように、ペイティーエムの大株主は中国企業であるアントグループでした。これにより、同社に対する規制当局の風当たりは厳しいものになりました。２０２２年には、ペイティーエムが中国系の企業に顧客データを提供していたとして、インドの中央銀行であるインド準備銀行は、ペイティーエムの新規顧客獲得を一時的に停止させる措置も行っています。このように、同社の株主構成はペイティーエムの事業遂行において大きな足かせになっています。

第三に同社が保有を許されたライセンスです。事業拡大に伴い、ペイティーエムは銀行業(Universal Bank Lisense)を取得しようとしていました。しかし、同社が取得を許されたのは決済銀行業(Payment Bank License)のみでした。決済銀行は、預金を通じてお金を集めることや、顧客に融資をすることが許されていません。ペイティーエムが決済銀行業免許しか取得できなかった理由として、中国資本が入っているペイティーエムに対してそのような免許を付与するのを規制当局が忌避したのではないか、と噂する人もいます。

もともとペイティーエムの皮算用は決済を押さえることで顧客データを取得し、そこから融資などにサービスを拡大して収益を出すというものだったのが、決済銀行としてしか活動できないことにより、そういった道が絶たれてしまいました。

第四には創業者の性格もあります。ビジェイ・シャルマは強烈な性格の人間であり、規制当局に素直に従ったりしないようなことがありました。たとえば、インドの中央銀行はペイティーエムによる顧客の本人確認業務がずさんであるとして再三改善を要請しましたが、本人はそれを気にもとめなかったそうです。こういった創業者の性格もあり、ペイティーエムは規制当局に目をつけられる存在になっていったということもあります。

こういった事情が重なり、ペイティーエムは劣勢に立たされているわけです。

しかし、競争で劣勢に立たされているとはいえ、ペイティーエムはインドのデジタル金融包摂において多大な貢献をしたと私は思います。同社の無数の営業社員がインド中の村や町を回り、小売事業者らにQRコード決済を浸透させたからこそ、後にフォンペやグーグルペイが楽に追随することができたわけです。

こういった事例を見ていると、金融事業の成否が規制当局との関係に大きな影響を受けることが改めてわかるのではないでしょうか。アントグループもペイティーエムも当局により事業成長が抑制され苦境に立たされています。中国とインドをつないでいたふたつの民間企業が、相互に対立する中国とインドの政府によって締め付けられ、苦境に立たされるということには地政学的環境を読むことの重要性を考えさせられます。

なお、インドのデジタル金融包摂における最大の功労者は「インディア・スタック」とよばれるＵＰＩやＩＤ制度などの仕組みを整備したインド政府でしょう。特に、途上国であるインドで、1・4億人いる国民の99・99％に指紋と虹彩情報つきのＩＤカードを配布するのはきわめて困難なプロジェクトでした。これを指揮したのはインド最大のＩＴ企業であるインフォシスの共同創業者・ＣＥＯであったナンダン・ニレカニ氏であり、これは日本で孫正義氏に国家プロジェクトを託すようなものです。その彼でさえも「2回ほどはもう無理だと思った」と話していたこのプロジェクトが実行できたからこそ、世界屈指のデジタル決済基盤ができあがり、そのうえで民間事業者らが様々なサービスを提供できるようになったのです。

なぜ代表的なフィンテック企業は決済から始めるのか

ここまで、金融包摂に大きな影響を与えた4つの新興国・途上国フィンテック企業を見てきました。気づかれたかもしれませんが、すべての企業が決済から事業を始めています。これには理由がいくつかあります。

第一に、決済は他のすべての金融サービスに較べて圧倒的に取引数も取引量も多いため、データの蓄積や顧客の信頼獲得をしやすいというのがあります。

融資を受けることも返済することも、保険料を支払うことも受け取ることも、ものを買うことも送金することも、すべて支払いを伴います。私たちが年間に行っている支払取引の総額は、GDPをはるかに上回る金額であるわけです。

それだけの量がある支払取引をデジタル化することができれば、膨大な量のデータが蓄積されていきます。そして、そのデータを用いることで、顧客をより深く理解し、使い勝手のよい融資や保険などの金融サービスを提供することも容易になります。

第二に、取引回数が多い事業は、顧客からの信頼や親近感を得やすいため、他のサービスを追加で提供しやすい、という点もあります。たとえば、私は月に数回程度しか銀行振込を行いませんが、クレジットカードやその他サービスを通じた決済(改札を通る、自販機でものを買う、コンビニでものを買うなど)は毎日5回程度行っています。これだけ多く使っているサービスであれば、利用者はすでに慣れ親しんでいるため、事業者側が他のサービスを提供しても、顧客に受け入れられやすいのです。

第三に、特にスマホ上のウォレット(財布機能)などのサービスにはネットワーク効果(利用者が多いほどサービスの価値が高まる性質)がききやすいという点もあります。「大勢の人が使っているウォレットサービス」は、今までそれを使ってこなかった人々も加入する動機づけをもたらします。たとえば、食事会などでの割り勘をスマホのウォレットで行う際、その場にいたほぼ全員が使っているアプリがあれば、持っていない人もそのアプリをインストールしようとするものでしょう。

ネットワーク効果がある事業は、最終的には独占状態になります。どんな事業であっても、ある領域で独占状態を築き上げることができれば、周辺事業者に対して強い交渉力を有することになります。たとえば、決済領域で独占的な地位を築いた企業であれば、提携している金融機関やサービスを利用する人々に対して手数料の交渉が容易になるはずです。

最後に、参入のための免許が相対的に取得しやすく、かつ国によっては競争相手が強くなかったため、スタートアップ企業が参入しやすかったという事情もあります。ここまでに述べてきたように、決済関連のライセンスは銀行業などよりもはるかに簡単に取得することができ、規制対応コストも相対的に小さいので、スタートアップ企業であっても参入することが容易です(とはいえ、後述するように最終的には巨額の資本が必要な事業でもありますが)。加えて、途上国においては、特に農村部では往々にしてまともな事業者が存在しなかったため事業を伸ばしやすかったのです。

3 新たな時代へ

デジタルマイクロファイナンスの課題——識字率とデフォルト率と高金利

成長著しいフィンテック企業ですが、現時点ではこういったフィンテック企業がすべての人に金融包摂を拡げるには至っていません。それには大きくふたつ理由があります。

第一に識字率です。ユネスコの統計データ局にあたるＵＩＳは世界の識字率のデータを集めていますが、２０２３年現在、世界全体の識字率は87％であり、低所得国は平均62％、下位中所得国は平均78％となっています。さらにジェンダー差もあり、南アジアでは男女で識字率に17％の差が、サハラ以南アフリカでは15％の差があります。さらに低所得層の人であれば識字率は低くなりがちです。また、識字率は年齢があがるほど低くなります（小さい頃に学校に行くことがかなわなかった人は過去に多かったからです）。

ですので、旧共産圏や社会主義国家（識字率が99％を超えていることがほとんどです）を除いた途上国の農村においては、典型的なマイクロファイナンスの顧客である中年女性の4割くらいは字が読めないということになります。字が読めたとしても、長い文章を読むのが困難な人はさらに多いのです。

そういった状況ですので、マイクロファイナンス顧客層のスマホ使用率は低い状況にあります。私の肌感覚でも、２０２４年現在における農村のマイクロファイナンス顧客のスマホ保有率は３割程度でした（都市部に近いところでは5割以上という地域もあります）。スマホを持っていたとしても、その機能を使いこなせない人も少なくありません。ただでさえ金融系のアプリはＳＮＳなどと較べて初期設定が複雑になりがちですので、フィンテックサービスをなかなか使えない人も多いわけです。エムペサが成功したのも、スマホベースのサービスではなく、

SMSで指示に従えば取引が実行できるというデザインによるものもあるのでしょう。

ただし、最近では世帯単位でのスマホ利用率はとても高くなっています。世帯内の男性や子どもたちがスマホを使いこなしているからです。ですので、マイクロファイナンスの顧客層にデジタル専業のサービスを届けようとするのであれば、家にいる子どもなどの助けを得ながら利用できるサービスなどが成功するかもしれません。

フィンテック企業が直面する第二の課題は高いデフォルト率とそれに伴う高金利です。先に述べたジーマスコアを実装した中国を除き、ほぼすべての国において非対面のデジタル融資の貸倒率は高い水準でとどまっています。その率はだいたい10～20％程度で、従来型のマイクロファイナンスが歴史的に3％をまず上回らないことを考えると、とても高いといえます。それだけ、対面がもたらす返済への規律というのは強いものなのでしょう。ちなみに、国内の消費者金融などにおいても、店舗に実際にやってきて借入をする人と、オンラインなどで非対面で借入をする人を比較すると延滞率に有意な違いがあるそうです。

先に紹介した四大フィンテック企業のなかで大きく融資をしているのはアントとヌーバンクですが、ヌーバンクの2023年の6月末時点での延滞率は全体で10・2％、うち90日以上延滞率は5・9％となっています。これはたいていのフィンテック企業に較べたらはるかに優れたパフォーマンスですが、普通のマイクロファイナンスに較べると高い水準です。なお同社は毎四半期利息収入の半分から3分の1程度を貸倒引当金の積立や貸倒債権の償却にあてていますが、これも大きな金額です。マイクロファイナンスであれば多くても10%程度です。さらに、同社の年間平均貸出債権(クレジットカードと融資の残高両方を足したもの)に対して、引当金および貸倒れは約3割となっており、実際のデフォルト率は年率20%を超えていると考えられます。

第2章で説明したように、従来型のマイクロファイナンスは、資金調達コストに10~15%程度を上乗せして(この上乗せ分をスプレッドといいます)融資を行っています。すなわち、預金や外部からの借入などの資金調達コストが年間10%であれば、貸出金利は20~25%程度なわけです。この10~15%のスプレッドによって、金融機関は資金調達コスト以外の様々なコストを賄うわけですが、貸倒れはだいたい2%くらい、その他は従業員の人件費を大半とする営業費用になっています。

しかし、デフォルト率が20%を超えるようだと、10~15%程度のスプレッドではとても足りません。結果として、フィンテック企業は往々にして顧客に高い金利を請求しています。手数料なども含めると、実質金利が年率で100%を超えることも珍しくありません。これは多くの国で社会問題となっています。

ヌーバンクの貸付金利も100%を超えているようです。2023年にブラジルの議会は上限金利が月に8%（複利にすると年率152%）とする案を可決しましたが、その上限金利が設定されることにより、ヌーバンクの利息収入は17%落ち込むと推定されているようです。融資債権別で異なる金利が設定されており、もともと上限金利未満の債権もあるとは思いますが、それでも実効貸付金利が年率100%を超えていることに間違いはないのでしょう。

すでに書いているように、金融包摂とは、有益かつ手頃な価格の金融サービスを使うことができる状態をさします。もちろんこういったデジタル融資プレーヤーにも言い分はあるかもしれませんが、年率100%以上の金利で融資をすることは、金融包摂とはいえないでしょう。

こういったデジタル融資にはもうひとつ大きな問題があります。それは、貸倒れを起こした人たち（先述のように相当数になります）が、信用情報機構などのブラックリストに入ってしまうことです。なかには5ドルの融資について返済を怠ったために ブラックリスト入りしてしまう人もいるほどです。一度リストに入ってしまうと、将来に住宅ローンやその他の申請をする際に大きな障害となりますが、事前に事業者側からそういった説明を丁寧に受けていなかった顧客は「こんなことになるとは知らなかった」と後悔することが少なくありません。

もちろん、「借りたお金を返さない顧客が悪いのだ」という主張もあるのかもしれませんが、毎年顧客の何割かがブラックリスト入りするような事業は金融包摂ではなく金融排除でしょう。金融機関としての責任の一丁目一番地は、貸倒れなどによって顧客の生活を壊すような融資を行わないことであるべきです。

なお、こういったデジタル専業融資事業者が大量のブラックリスト加入者を生み出している国は、南米以外にもアフリカや一部アジア地域で見られます。たとえばケニアでは、Branch や Tala といった米国初のスタートアップがデジタル融資を高金利で届けてきましたが、多くの人々が返済を延滞した結果、ブラックリスト入りすることが社会問題となりました。

これを見ている規制当局は、一部のフィンテック事業者の規制に乗り出しています。たとえばインドでは、自社では免許を持たずに既存金融機関と提携しているフィンテック事業者らに業務停止命令が出されたり、こういった事業者がノンバンクライセンスを申請しても、それを許可されないといった事例が相次いでいます。

なお、参入が容易な決済ビジネスではありますが、全国に決済網を張り巡らせるのは大規模投資を必要とするため、産業組織論（経済学の一分野です）に照らし合わせると、最終的には一社か二社のみが市場に残るようになります。これはクレジットカード決済のほとんどがビザとマスターによって占められていることを見るとわかりやすいと思います。

スマホ決済についても、最終的には同じことになります。ほとんどのプレーヤーが退場するまでの間、事業者の間では熾烈な競争が行われ、その過程においては大量の補助金（投資家のお金です）が消費者に対してばらまかれることになります。日本の決済事業者らによる大盤振舞いのプロモーションキャンペーンを思い出してください。

当面の最適解はフィジタルモデル

さて、こういったデジタル融資の課題に鑑みて、インドを中心に急速に発展している事業モデルがあります。それは対面（フィジカル）とデジタルを組み合わせた造語で「フィジタル」とよばれており、営業社員が顧客と対面の接点をもつものの、サービスの提供はデジタルで現金や紙を持たずに行うというものです。

フィジタルモデルの場合、融資を受ける顧客らはまず営業社員と会うことになります。営業社員が片手に持っているのはスマホやタブレットで、それを用いて文字を入力したり写真やビデオを撮ったりして顧客の情報を取得していきます。顧客の審査は規制上どうしても必要な場合を除き、紙をまったく使わずに行われます。

融資を受けている場合、返済は従来型のマイクロファイナンスと同様に、借り手ミーティング会場で行われることが多いです。しかしその場で現金は使われません。借り手グループの誰かがスマホを持っていれば、その人がスマホを持っていない他の人たちの分もあわせてＱＲコード決済などを通じて返済を行います。インドの場合は、指紋認証で支払いを済ませることも可能です。キャッシュレスであっても、返済はそのミーティングの場で行われます。

フィジタルモデルはふたつの点において優れています。第一に、顧客のリテラシーレベルが低くても、現場に人がいることによりアプリなどの利用方法を教えられるということです。日本でも、すべての人々が特定のアプリを使いこなせるようになるためには、その利用方法を教える人が身近にいる必要があります。実際、当社グループなどでは、支店の社員が顧客にアプリの使用方法を教えることを通じて、顧客にスマホ決済をしてもらっています。

第二に、フィジタルモデルではアナログモデルと同じかそれ以上の水準の返済率が達成できることです。というのも、対面を通じてアナログモデルと同様に顧客に返済の動機づけができることに加え、現金を扱わないことにより不正などが起きにくくなるからです。実際に会うことが顧客にもたらす動機づけについては、たとえば飲み会での割り勘などを考えるとわかりやすいかもしれません。こういう場面において、最も望ましいのは、スマホのウォレットアプリなどを用いてその場で決済を終わらせることです。翌日以降に集金しようとすると、なかなか

フィジタルモデルによる借り手ミーティング風景．集会は行うが，返済が指紋認証決済やスマホ決済などのキャッシュレスになるため，現金と紙がほとんど用いられない

すぐに返済されず催促をしないといけなくなったりします（金融機関の場合、これは延滞にカウントされます）。多少なりとも精神的にコストがかかることをやってもらおうとする場合、皆がその場にそろっていることからもたらされる動機づけを活用するのが望ましいわけです。大抵のお願いごとは対面でするほうが効果的であるというのは、私たちの一般常識にも沿っていると思います。

世界一フィンテック企業の競争が激しいインドにおいては、高い貸倒率に悩まされていたデジタル専業の事業者の多くが、融資事業についてはフィジタルに舵を切っています。多くの営業社員や代理店をかかえ、その人々を経由して返済を受けるようになったわけです。

デジタル専業事業者が、ジーマスコアのような過酷な制裁メカニズムや許容しがたい高金利を用いずに非対面の融資事業を成功させるまでには、まだ時間がかかるように思います。当面はフィジタルモデルが最適解となることでしょう。

テクノロジーによる差別化時代は終わり、総合力の時代に入る

最後に、最近のフィンテック領域における競争力の源泉について書いておきたいと思います。どの事業領域にもライフサイクルがあります。勃興期においては、サービスそのものを開発する力、すなわち技術力が問われます。この段階では、従来型の金融機関には技術力が備わっていないので、パイオニア企業が一気に成長するということが起きます。

しかしこのパイオニア企業が成功してから数年が経つと、似たようなフィンテック事業者が少なくとも複数は出てきて競争が起きます。この段階においては、従来型の金融機関に対しては技術力に基づく差別化ができますが、直接の競争相手であるフィンテック企業に対しては技術力よりも、営業力や資金調達力といったものが差別化の要因になります。数年前までのフィンテック業界がそうでした。

このフェーズにおいて技術はある程度完成し、またそれは基本的にコピー可能なので、広く普及していきます。そして、従来型の金融機関においても、先進的な組織においてはテクノロジー実装が進んでいきます。たとえばシンガポールの大銀行であるＤＢＳは事業のデジタル化

を推進し、純粋なフィンテック企業に引けを取らない技術力を有するにいたっています。

こういうフェーズに入ると、競争においてものをいうのは総合力になります。技術力のみならず、営業力、資金調達力、組織力、戦略などによって優劣が決まります。フィンテック事業のほとんどすべてがこのフェーズに入っているように思います。

この段階、すなわち、技術が陳腐化した段階においては、先進的な金融機関がフィンテック企業を打ち負かすことが少なくありません。日本の金融アプリでは三井住友銀行が提供しているOliveが最も先進的だと評価する人が多いのもその一例でしょう。マイクロファイナンス領域においてもまったく同じことが起こると私は感じています。技術力だけで勝てるほど、企業の競争は甘くないということなのでしょう。

＊

この章では、金融包摂の領域においてテクノロジーを活かしたサービスが発展してきた背景と、実際に成功した金融サービスを紹介し、それらの課題を紹介しました。

次の章では、業界全体に生じてきた様々な問題を紹介するとともに、それらに対応する取り組みを紹介していきます。

第6章　マイクロファイナンスは本当に役立っているのか

1　なぜ熱狂は冷めたのか

マイクロファイナンス業界の一度目のピークは２０００年代だったといえるでしょう。１９７０年代に始まったマイクロファイナンスは次第にその成果が認められるようになり、１９９０年代頃からは国際機関、財団、欧州と米国の開発金融機関らが世界中でマイクロファイナンス機関に対して資金を投下し、業界は右肩あがりで成長を続けていました。当時の関係者は、顧客数の増加が世界によいインパクトをもたらしていると信じていました。

ムハマド・ユヌス氏とグラミン銀行がノーベル平和賞を受賞した２００６年は、まさにマイクロファイナンスの絶頂期といえるようなものでしょう。

しかし、２０１０年になると、経済開発の文脈におけるマイクロファイナンスに対する熱狂が冷めていくことになります。その理由のひとつは、先に述べたようなマイクロファイナンス機関の商業化と不祥事でした。商業化を代表する出来事は2007年におけるメキシコのコンパルタモスの上場であり、不祥事を代表するのはSKSが起こしたインドのマイクロファイナンス危機です。こういった出来事を通じて、国際機関、開発援助機関、非営利組織などは冷水を浴びせられた気分になりました。

熱狂が冷めていった理由は他にもあります。それは経済学者やマイクロファイナンス研究者によるマイクロクレジットの貧困削減効果に対する疑問でした。

私はこれが最も深刻な問いかけだったと思います。というのも、商業化や顧客搾取といった問題は、あくまで一部の組織や投資家が引き起こした問題であると整理することも可能であるのに対し、そもそもマイクロクレジットに貧困削減効果がないとするのであれば、それは事業そのものの存在意義を根底から覆しかねないからです。しかも、これらの批判は、開発経済を真剣に研究してきた人々や、現場に長く身を置いてきた実務家たち、すなわちある意味でマイクロファイナンスが掲げる大義を共有する人々からのものであり、外部者が浅い理解に基づいて行っているものではありませんでした。

デュフロらのRCTが投げかけた疑問

フランス生まれの経済学者であるエステル・デュフロは、夫であり共同研究者であるアビジット・バナジーらとともに、実験経済学のアプローチを用いて様々な研究を行ってきました。

特に有名なのが、ランダム化比較試験（RCT）という手法を用いた、経済開発の諸領域における効果測定です。彼女らの研究は多くの政府や国際機関の事業策定にも影響を与え、デュフロらはノーベル経済学賞を受賞しています。彼女らが執筆した『貧乏人の経済学』は一読の価値ある名著です。

そもそもRCTはどういう手法かについて説明しましょう。これはもともと、医学領域、特に新しい薬や治療法の効果を評価するために、被験者をランダムにふたつのグループに分け、一方には治療薬を与え、もう一方にはプラシーボ（偽薬）を与えるという実験でした。なぜこれをする必要があるかというと、飴玉を「これはとても効果的な薬だ」と聞かされてから飲むと、その人の体調が実際によくなることがあるからです。これをプラシーボ効果といいます。ですので、本当にその新薬にプラシーボ効果以上の効き目があるかどうかは、RCTをしてみないとわからないのです。

デュフロやその共同研究者たちは、開発経済学の研究にRCTを利用しました。具体的には、貧困削減政策や開発プログラムの評価をするために、あるグループには当該プログラムを提供し、もう片方には提供しなかったのちに、それぞれのグループに生じた変化を比較することで、そのプログラムに本当に効果があるのかを検証したのです。

彼女たちの研究は、経済開発の現場における従来の理解を覆していきました。たとえば、彼女らは支援においてはモノ(たとえば食料や服)を提供するよりも現金を提供するほうがずっと効果的であることを明らかにしました。物品支援は日本でもいまだによく行われていますが、そんなことをするよりも現金を渡すことが、受益者の人々の生活改善に役立つことが示されたわけです。これはとても意味のあることで、「実際に生活がかかっている人が現金を手にすれば、それをもとに最善の意思決定をする」ということが示されたのです。物品支援には支援者側の「自分たちこそが、受益者が何を必要としているのかをわかっている」という傲慢さが見え隠れしていたので、その点でも意義のある研究結果でした。なお、この現金支給(英語ではCash Transferとよばれます)は、経済開発領域において今いちばん注目を集めている支援方法のひとつです。

ただし、現地の低所得層向けにRCTを行うことには倫理的な問題がつきまといます。というのも、たとえばマイクロクレジットの成果をRCTによって検証しようとする場合には、ランダムにグループを分けて、あるグループには融資を提供し、もう片方にはそれをしない、というような実験を行う必要があるからです。途上国に暮らす人々の人生を実験的に扱ってよいのか、という倫理的な問題があるわけですが、それでも彼女らの研究によって数百万人以上の人が受益しているのは疑いようのないことです。

デュフロらは当時経済開発の舞台で万能薬であるかのように取りざたされていたマイクロクレジットの貧困削減効果を、インドにおいてＲＣＴを用いて測定します。そして、２０１５年に「マイクロファイナンスの奇跡？　ランダム化評価による証拠」（"The Miracle of Microfinance? Evidence from a Randomized Evaluation"）という論文を執筆します。

デュフロらの研究が示したことは、低所得層にマイクロクレジットを提供するだけでは家計の所得や消費についてほとんど効果がないというものでした。その結果は多くの実務家、特にムハマド・ユヌス氏のようにマイクロクレジットの効果を喧伝していた人々に大きな衝撃を与えます。ユヌス氏はよく「貧困層の女性らはみな優れた起業家であり、マイクロクレジットを提供することで貧困から脱却することができる」といった趣旨の発言をしていたからです。

なお、デュフロらはこれによってマイクロファイナンスが無意味であると言っているわけではありません。彼女らが主張したのは、①途上国の低所得層向けの金融サービスは人々の実情を踏まえテーラーメイドされる必要があり、たとえば金額も返済額も返済期間も固定されているような従来型のマイクロクレジットでは効果が限定的であるということや、②融資のみならず預金などのサービスを拡充させることによってインパクトを生み出すことができる、といったものでした。彼女らの批判は、従来型のマイクロクレジット偏重のマイクロファイナンスに対するものであり、マイクロファイナンスそのものに対するものではありませんでした。

そして、デュフロらはマイクロクレジットについての論文を2019年にもうひとつ発表しています。「マイクロファイナンスは起業家らを貧困の罠から解放することができるのか」（"Can Microfinance Unlock a Poverty Trap for Some Entrepreneurs?"）と題されたこの論文では、元々自分で事業を行ってきた事業者らに対してマイクロクレジットを提供すると、6年後に所得が倍になっていたことを示しています。すなわち、事業者に対するマイクロクレジットは、所得向上効果が有意にあるということでした。

ラザフォードが示した顧客の実態とあるべき姿

デュフロらのふたつの論文が意味することについては後でまた考えますが、ここでもうひとつ、重要な研究を紹介します。

デュフロらが論文を発表する以前から、彼女らと同じ主張をしてきたのは先にも紹介したスチュアート・ラザフォードです。イギリス人ながらベンガル語を用いてバングラデシュの農村で長年マイクロファイナンスの実務に取り組みながら研究をしてきた彼は、第一世代のマイクロファイナンス起業家らの中で最も優れた顧客理解をしていたと私は思います。

彼は自身でマイクロファイナンスのプログラムを長年実施してきたのみならず、フィナンシャル・ダイアリーという詳細な家計簿データを数十人から10年間集め続けました。この調査から得られた洞察は多くの実務家や研究者に影響を与えています。彼が中心となって執筆された『最底辺のポートフォリオ』は名著です。

ラザフォードがマイクロファイナンスの顧客およびマイクロファイナンスの課題について語っているのは次のようなものです。彼の洞察は、デュフロらが示した「マイクロクレジットは途上国の低所得層にはほとんど貧困削減効果をもたらさなかったが、事業を行っている人々に対しては有効であった」という結果に対する説明を与えています。

・低所得層には二種類の人がいる

顧客とされる低所得層の人々には、一部の起業家気質がある事業経営者と、そうでない多くの人がいる。前者の人々の金融サービスにおける主なニーズは事業投資だが、後者の人々のニーズは資金繰りである。

・従来型のマイクロクレジットは事業家以外には非効率である

たとえばマイクロファイナンス機関は、融資額は一律600ドル、満期は1年、毎月の返済額57ドル、使途は事業に限るといった条件でローンを提供し、早期償還なども認めていない。事業投資を行う人にとってはこういった返済スケジュールは合理的であるが、「3週間だけ100ドルを借りたい」というような資金繰りニーズを満たすにはとても使い勝手が悪い。結果として、多くの人がマイクロファイナンス機関から事業投資の名目で資金を借りて、差し迫った支払いを済ませたあとに、余ったお金を親戚に貸すといったような歪みが生じている。

・貯蓄の意義

利息差を考えれば、貯蓄と借入を組み合わせて活用することが資金繰りニーズの解決には最善である。極度の貧困状態にある人たちであっても、貯蓄は行っている。むしろ彼女・彼らは極度の貧困状態にあるからこそ、餓死を避けるために懸命に考え、貯蓄を行っている。しかし、金融機関の多くが口座維持手数料を設け、最低預金額や預金の引き出しに一定の制限を設けているため、これらの人々はインフォーマルな預金に頼っているのが現状である。

・柔軟性の意義

事業家向けのマイクロクレジットは従来のままでも問題は小さいが、そうでない人々向けの金融サービスとしては預金と融資の両方が提供されるべきであり、その金額、返済期間、返済方法などは可能な限り柔軟であることが望ましい。そうすることで、マイクロファイナンスはインパクトを最大化することができる。また、サービスは直感的に理解しやすいものでないといけない。

彼の洞察は、「言われてみれば当たり前」とも言えます。たとえば日本であっても、自分で事業を興して生活をしていこうと思う人は全体の1～2割程度しかおらず、大抵の人は安定した収入を提供してくれる職場で働くことを選びます(だからこそ、会社組織というものが成り立っているわけです)。低所得層だからといって、起業家気質があるということはありえません。もし途上国の低所得層の人々に起業家気質があるように見えるのであれば、それは他に選択肢がないため、しぶしぶ自分で事業を行わざるを得ない状況にあるためなのでしょう。途上国や貧困といった色眼鏡をかけず、他の人々の説明も鵜呑みにせず、好奇心を失わず虚心坦懐に人々の行動を観察しつづけたラザフォードだからこそ、このような洞察が得られたのでしょう。

どのようなサービス設計においても、正しい顧客像をもつことが重要になります。もしマイクロファイナンス業界全体が誤った顧客理解をしていたとしたら、そこから提供されるサービスも顧客にとって不便なものにならざるを得ません。

先述したように、マイクロファイナンス業界にムハマド・ユヌスというロックスター的な存在がいたのは、業界の知名度を高め、世界の人々から関心を集めたという点では素晴らしいことでした。一方で、彼の大きな声がマイクロクレジットを喧伝しすぎたために、いまだに多くの人々が「マイクロファイナンス＝マイクロクレジット＝貧困削減」という図式で考えてしまっています。このことは、マイクロファイナンス（≠マイクロクレジット）に対して人々が不必要に幻滅してしまう一因になってしまっています。ラザフォードの説くような現実が共有されていれば、マイクロファイナンスに対する幻滅はある程度避けられた可能性があります。

ラザフォードが指摘していることでもうひとつ重要だと私が考えるのは、金融サービスの理解しにくさの問題です。この指摘は、もともと建築家としてキャリアをスタートさせた彼ならではのものだと思います。デザインの集大成ともいえる建築の仕事において重要なことは、人の行動を洞察し、その人の生活に合った空間をつくることにあるからです。

途上国に住む低所得層には、金融機関と取引するときに、なにか騙されているような気がする、という懸念を抱く人が少なくありません。そういった感覚は日本に住む私たちも抱いているのではないでしょうか。住宅ローンや保険に加入するときに、私たちは文字がびっしり書かれている契約書にサインをしますが、理解をしきれていないものにサインをさせられることに気色悪さを感じる人は少なくないと思います。識字率が低い途上国であれば、その懸念がさらに強いものであることは想像に難くないでしょう。

それを埋め合わせるために、多くの金融機関は大勢の営業社員を抱えています。この営業社員が顧客らとコミュニケーションをとり、相手の不安を和らげるという役割を果たしているわけです。ですが、こういった営業社員の存在は結局のところコストであり、それは結局のところ顧客が払っている利息や手数料に反映されているのです。

しかし、本書の前半で見てきたように、金融機関と取引したことがない人はいても、金融取引を行ったことがない人はほとんどいません。すなわち、もともとは直感的に理解ができて、人々がコミュニティの中で慣れ親しんできた金融サービスが、組織化される過程で理解しにくいものになり、情報の非対称も生じた結果、顧客も金融機関も多くのコストを割いているということです。これはマイクロファイナンスに限らず、金融サービス全体に対して私が感じる問題意識でもあります。よりよいデザインができるのではないでしょうか。

もしマイクロファイナンス業界全体が顧客理解を改め、商品のデザインも改善できたとしても、まだ課題は残ります。それは、ここで述べられているような、きわめて柔軟性の高い金融サービスをいかにして低コストで提供しうるのかということです。

多くのマイクロファイナンス機関がマイクロクレジットを主力事業にしている理由のひとつは、採算がとれることにあります。もし金額も期間も返済方法も柔軟な金融サービスを提供しようとすると、手間が増えることによって人件費率が増し、赤字事業になってしまうかもしれません。

2　貧困削減に貢献できるか

営利企業としてのマイクロファイナンスが貧困削減に貢献するための条件

この節では、営利企業として経営されているマイクロファイナンス機関が貧困削減に貢献できるのかについてより詳しく書いてみます。

多くの第一世代マイクロファイナンス実務家らは、商業資本から出資を受けているマイクロファイナンス事業者が貧困削減に対してもたらすインパクトについて否定的です。なぜなら、そういった事業者は最終的には株主に対する利益が最大化するように事業を行わざるを得ないからです。そうなると、顧客のためになるものの赤字になるような事業には取り組むことが難しくなる、というわけです。

より詳しく説明しましょう。非営利組織であれば、赤字を出しつづけなければ事業を継続することができるので、ミッションに沿って極度の貧困層にも様々なサービスを届けられる可能性が高まります。また、株式会社であっても顧客が株主であるような場合や信用組合の場合であれば、利益を出したとしてもそれが顧客や組合員の利益につながるので、顧客利益最大化に努めることは難しくありません。

一方、投資ファンドや営利企業から出資を受けている企業にとって、いちばんの目的は利益の最大化です。マイクロファイナンスのサービスの中でいちばん儲けやすいのは融資ですし、かつ金利は顧客が受忍できるまで高く設定するのが合理的な意思決定となります。コンパルタモスが実践したのはまさにこのようなことでした。かつ、極度の貧困状態にある顧客に対して金融サービスの提供は往々にしてコスト割れを起こしやすく、敬遠されることになります。

株式会社としてマイクロファイナンス事業を行い、営利企業や投資ファンドから出資を受けてきた私も、この点について10年間ずっと考えてきました。結論としては、営利企業のマイクロファイナンスであっても貧困削減に貢献することは可能であると考えています。

一言でいうと、「顧客の生活向上に貢献しようとする使命感と進取の気性をもったマイクロファイナンス機関が業界最大手企業になること」が、マイクロファイナンスが貧困削減に貢献しながらも、株主や従業員の期待に応え続けるための条件だと私は考えています。

第一に必要なのは創業者や経営陣らの使命感です。これまで様々なマイクロファイナンス機関を見てきましたが、使命感がない創業者・経営者が率いている場合、何をどうしても貧困削減に役立つことは難しいと思います。会社は頭から腐るものであり、一度そうなってしまった企業を変革するのは、一から会社をつくるよりも難しい場合が多いです。

なお、使命感がある経営陣がいる場合でも、易きに流れるリスクはありますので、ミッションから逸脱する可能性を排除するために、評価制度に社会的パフォーマンスや組織のミッションに関連した項目を埋め込むことはきわめて重要であろうと私は考えています。

次に、常に新しいことに取り組み、事業改善と革新を続けることです。イノベーションを起こしてサービスの質やコスト構造を根本的に変えられたら、他のマイクロファイナンス機関よりも顧客に役立つサービスを、営利企業として十分な利益率を達成しながら提供できるようになります。意欲的な新規事業ほど成功確率は低くなるので、コストをかけて何度も試す必要があります。

そして、右に述べたことを実現するために、そのマイクロファイナンス機関は業界最大手企業になる必要があります。なぜかというと、金融事業において、最大手企業はよりよい人材を集めやすく、規模の経済により同業他社比で高い利益率を享受でき、かつ高いオペレーション能力を有しているからです。すなわち、最大手企業は、新規事業の成功に必須となる人材採用がしやすく、難易度の高い新規事業に何度も挑戦する財務的余裕があり、新しいアイデアをアイデアで終わらせず事業化する能力を有しているということです。

規模に関するこの洞察は、私が世界中の金融機関を観察しながら確信したことでもあります。途上国でも先進国でも、創出しているインパクトの総量（＝インパクトを与えている人数×インパクトの大きさ）が最も大きいのは、業界最大手企業である場合がほとんどです。たとえば日本の大都市におけるメガバンクや地域における大手地銀は、年齢やリテラシーに関わらずすべての人に金融サービスを提供しています。一部の人々はインターネットのみだと口座開設をできないため、支店に多くの従業員を配置し(すなわち大きなコスト負担をしながら)こういった業務にあたりながらも、同業他社よりも高い利益率を維持しています。また、第5章でも述べたように、近年においては先進的な大手金融機関が提供するアプリがフィンテック専業企業を圧倒しはじめています。

世界中の途上国でも状況は同じです。当社のグループ会社の中にも現地のマイクロファイナンス銀行中では最大手となっている会社がありますが、利益率は同業他社よりも高い一方で、数多くの不採算でありつつ社会的には必要な事業を展開しています。テクノロジーの導入状況においても、同業他社よりもはるかに先んじており、デジタル専業事業者との競争にも勝利しつつあります。

このような大規模化は、外部資本が調達可能な営利企業だからこそ達成できるものです。容易ではありませんが、営利企業としてのマイクロファイナンス機関は、規模の経済という強みを活かすことができれば、非営利マイクロファイナンス機関と同じかそれ以上に貧困削減に貢献することが可能だと私は思います。

ここまではマイクロファイナンス機関自身がコントロールできることについて述べてきましたが、ここからは企業がコントロールしにくい投資家の側についても書きます。

まず、正のインパクトを出そうとするマイクロファイナンス機関は、上場していてもしていなくても、長期投資をしてくれる株主を一定以上に保つ努力をするべきです。

長年金融業界に身を置いてきて痛感していますが、株式会社における株主構成は民主主義社会における選挙制度と同じくらい重要なものです。主権者たる国民が選挙を通じて議員を選ぶことができるのと同様に、株主は会社の所有者として取締役を選ぶことができ、取締役は会社の経営陣を指名することができます。加えて、一度株主になった人を理由なく追い出すことは特定の場合を除き不可能です。

長期的な目線に立って投資をする株主が多ければ、そのマイクロファイナンス機関は長期的な目線で経営をしやすくなります。そうすると、顧客・従業員・株主の利益が均衡する「三方よし」を実現しやすくなります。というのも、長期目線に立てば、三方よし以外に事業を安定継続させる方法はないからです。誰か一方を搾取するようなことがあれば、その搾取された人々が離反を起こし、事業は不安定になります。

上場前であればそういった株主を集めることは容易ですが、上場後に企業が株主を選ぶことは難しくなります。それでも、市場とのコミュニケーションを通じて長期投資をしてくれる株主を増やす努力はするべきです。

なお、「そもそも上場しなければよいではないか」と思う人もいるかもしれません。しかし、上場等によって株式を売却できる可能性がない企業に出資をする投資家は多くないため、一定の事業規模を達成しようとすると、どうしても上場等を目指す必要がでてきます。それに、上場は悪いことばかりではなく、上場することによってマイクロファイナンス機関は外部借入コストを大きく下げることができます。これは企業と顧客両方に利するものであり、上場そのものが悪とはいえないように思います。

また、マイクロファイナンス機関への資金供給者である金融機関や投資家らも金銭的リターン以外の投資基準を追加し、その基準を満たさないマイクロファイナンス機関には投融資しないという規律をつくるのが望ましいと思います。

これはすでに始まっていることです。環境・社会・ガバナンス(ESG)について基準を設けている投資ファンドはヨーロッパを中心に増えており(本書を書いている2024年12月時点においてはアメリカを中心に揺り戻しが起きていますが、長期的な流れは変わらないと私は思っています)、たとえば近年においては火力発電所向けに資金を振り向けない投資ファンドが多くなっています。ガバナンスがきちんと機能していない企業(株主への説明責任を取締役会および経営陣が果たすための仕組みが脆弱な企業)はリスクが高いので、当然に投資家は投資を忌避しがちです。

ただし、ＥＳＧのうち社会的なインパクトについては、たとえば児童労働の禁止をはじめとした基本的な人権尊重についてはある程度基準ができてきているものの、顧客保護や顧客の生活改善といった取り組みについて基準を設けている投資家は一部に限られています。

金融業はお金がないと始まらないので、資金供給者らが意識的になれば、マイクロファイナンス機関のなかで顧客保護にしっかりと取り組んでいない企業らは縮小していくことでしょう。そうして、きちんと社会的インパクトを出すことに注力しているマイクロファイナンス機関のみが営利企業として成長していくことになると思います。

では、そもそもどういった指標を用いたらよいのでしょうか。それについては次の節でお話しします。

3　どのような指標を用いるか――パフォーマンスとインパクト

社会的パフォーマンス管理とインパクト測定・管理

本書でお話をする、社会的パフォーマンス管理（ＳＰＭ）とインパクト測定・管理（ＩＭＭ）の位置づけをまずお話ししておこうと思います。

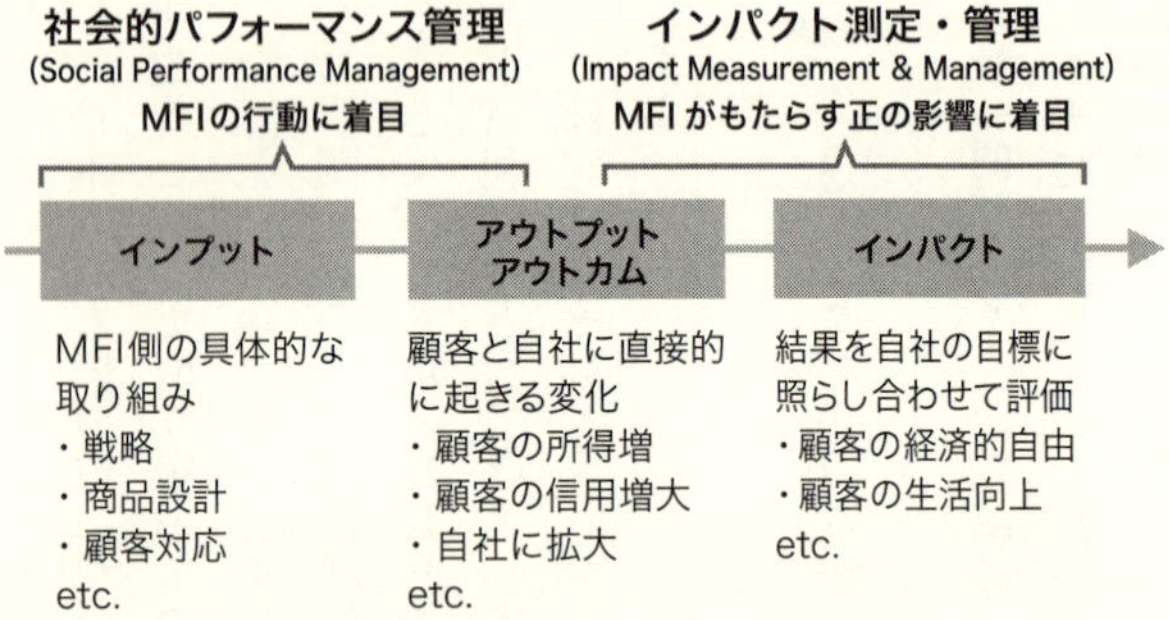

図 6-1 SPM と IMM の位置づけ（MFI＝マイクロファイナンス機関）

概念図として**図6-1**を見てください。マイクロファイナンス機関（MFI）側が、何らかの取り組みを行い、それが何らかの結果をもたらしたとします。この取り組みのことをインプット、結果のことをアウトプットやアウトカムとよびます（両者を明確に区分する人もいます）。そして、このアウトプットやアウトカムの一部は、自社の目標に照らし合わせてインパクトとよばれます。

たとえば、顧客の経済的自由の拡大を目指すマイクロファイナンス機関がある金融商品を提供し、それが顧客の所得増につながり、顧客の経済的自由が高まったとします。ここでは金融商品を提供することがインプット、顧客の所得増がアウトカム／アウトプット、顧客の経済的自由の拡大がインパクトというわけです。

社会的パフォーマンス管理はマイクロファイナンス機関側の行動に着目しているもので、観察・分析・管理対象となるのはマイクロファイナンス機関側の行動や体制です。一方で、インパクト測定・管理は、そのマイクロファイナンス機関がもたらしたインパクトを測定・管理することに重きを置いています。

以上のことを念頭に、これからの文章を読んでいただけたらと思います。

社会的パフォーマンス管理指標がつくられた背景

コンパルタモスの上場やインドにおけるマイクロファイナンス危機などを経て、マイクロファイナンス機関であるからといって必ずしも顧客のために働いているとはいえないことが関係者らには明らかになっていきました。

こういった問題が表面化する以前の１９９０年代から、一部の人々の間では、マイクロファイナンス機関の社会的パフォーマンス評価を体系化しようという動きがありました。その中心にあったＮＧＯのひとつがフランスのCerise《シリーズ》で、彼女・彼らが中心となり、マイクロファイナンスの社会的パフォーマンス測定のタスクフォース（ＳＰＴＦ）が２００５年に立ち上げられるようになります。参加者はマイクロファイナンス機関、研究者、投資家、支援機関などでした。このＳＰＴＦによってつくられたのが、マイクロファイナンスの「社会的パフォーマンス管理についての統一基準（ＵＳＳＰＭ）」です。

なお、２０２４年現在、ＳＰＴＦとCeriseは一体として基準づくりに取り組んでおり（名前も「Cerise＋SPTF」になっています）、統一基準に環境保護関連の項目が追加され、ＵＳＳＰＭは環境（Environmental）を表すＥが追加されＵＳＳＥＰＭになりました。ここでもＵＳＳＥＰＭという言葉を使っていきます。

このＵＳＳＥＰＭに基づいた監査のことを社会的パフォーマンス指標監査（SPI Audit）とよんでいます。この監査基準は定期的にアップデートされており、現在はバージョン５として、SPI5 Auditとよばれています。この監査は、ＵＳＳＥＰＭを理解した監査人のみ（２０２４年現在世界に２００人ほどいます）が行うことができます。私もSPI Auditの監査人資格を保有しており、実際にその監査を行っていました。

社会的パフォーマンス管理指標の概要

ここでは、SPI Auditでどのようなことをチェックしているのかについて簡単に説明します。

この監査基準は現在７つの大項目で構成されています。バージョン４までの監査基準は６つだったのですが、バージョン５に移行する際に、既存項目についても更新をしつつ、環境保全についての大項目が追加されました。

SPI5 Audit における監査領域は下記の通りです。

1　社会的目標に沿った戦略

1A　社会的目標を達成するための戦略を有しているか。

1B　社会的目標に関連したデータを収集し、分析し、報告しているか。

2　使命感ある経営陣

2A　取締役会のメンバーは、経営陣に対して社会的目標の達成を追求させているか。

2B　経営陣は、社会的目標の達成戦略を実施するための責任を負っているか。

3　顧客中心の製品とサービス

3A　顧客のニーズを理解するためにデータを収集し、分析しているか。

3B　製品、サービス、チャネルは顧客に利益をもたらしているか。

4　顧客保護

4A　顧客に過度な債務を負わせていないか。

4B　顧客の意思決定を支援するために明快な情報を適時に提供しているか。

4C　顧客に対して公正かつ敬意ある対応をしているか。
4D　顧客データを保護し、顧客にデータに関する権利について通知しているか。
4E　顧客の苦情を受け付け、解決に努めているか。

5　責任ある人材開発

5A　安全で公平な労働環境を創出しているか。
5B　人材開発システムは、資質と意欲ある従業員を惹きつけ、維持するよう設計されているか。
5C　人材開発システムはその社会的戦略を支援しているか。

6　責任ある成長と収益

6A　社会的目標を促進し、顧客へのリスクを緩和する方法で成長を管理しているか。
6B　価格を責任ある方法で設定しているか。
6C　利益を責任ある方法で利用しているか。

7　環境パフォーマンス管理

7A　環境戦略を持ち、それを実行するためのシステムを有しているか。
7B　環境リスクと機会を特定し、管理しているか。

7C　環境目標を達成するための金融および非金融製品とサービスを提供しているか。

それぞれに10前後のチェックリストがあり、その項目は2024年時点で183あります。それらについて「できている・多少はできている・できていない」で点をつけ、それをまとめたものが全体の総合点になります。できているかどうかは、マニュアル等の文書が存在していることと、その文書に書かれていることが実施されているかの確認(実地調査やインタビューなど)を通じて判断されます。

全体の総合点はCerise＋SPTFのデータベース上に登録されており、監査終了後にはそのマイクロファイナンス機関の社会的パフォーマンス管理がどの程度の水準にあるのかが相対的に把握できるようになっています。

また、監査終了後には監査結果をマイクロファイナンス機関の経営陣および取締役会に共有し、経営陣は改善のための計画を作成し、取締役会がそれを監督することになっています。

なお、SPI Auditの項目のうち、顧客保護に関する項目については認証制度が存在しています。これら項目を満たしているマイクロファイナンス機関は、マイクロファイナンス専門の調査会社に依頼して顧客保護基準を満たしているかを評価され、それがきちんとなされていると判断されると、「顧客保護認証」を受け取ることができます。認証はブロンズ、シルバー、ゴールドの三段階があり、有効期間は5年です。

SPI Audit および顧客保護認証の課題

SPI Audit は仕組みとしては素晴らしいのですが、監査人の質がまだ均一とはいえず、マイクロファイナンス機関側が監査結果の点数を高くしようとすると、ある程度まではできてしまうという問題があります。SPI Audit を全世界で実施するために監査人を増やす必要があることは理解できますが、どこかのタイミングで監査資格取得基準を厳しくし、また資格取得者らの再教育をしていく必要があるように思います。

また、1割くらいの監査項目については「これは、マイクロファイナンス機関経営はもとより企業経営をしたことがない人間が書いたものだ」と現場から批判が出るようなものもあったりします。ただし、そういった基準についても、実務家からのフィードバックに基づいて徐々に改善が進んでいます。時間が経つうちに、よりよいものになっていくことが期待されます。

とはいえ2023年には、SPI Audit と顧客保護認証の課題をあぶりだす事件がありました。同年9月の英国ガーディアン紙において、カンボジアのマイクロファイナンス機関による顧客搾取の実態が大きく取り上げられたのです。厳しい取り立て（顧客保護原則で禁じられているものです）によって自殺した顧客がいたマイクロファイナンス機関大手4社のうち、3社が先述の顧客保護認証を受けていたことは、Cerise＋SPTFにとっても大きな問題となりました。

なぜそんなことが起きてしまったのでしょうか。理由はいくつかありますが、第一に認証機関がマイクロファイナンス機関からお金を受け取って認証審査を行う構造的問題、第二に認証機関（SPI Audit監査人でもあります）の質がまちまちであること、第三に同マイクロファイナンス機関らの親会社が変わったタイミングで顧客保護認証を判断しなおすという実務が存在しなかったことがあげられると思います。

カンボジアの事例においては、この第三点が問題だったと思います。カンボジアのマイクロファイナンス市場において、2000年代における主要な株主は欧州の開発金融機関やインパクト投資ファンドがほとんどでした。こういった投資家のバックアップおよびカンボジア固有の事情もあり（通貨がドルであることや、規制環境が整っていることなど）、同国におけるマイクロファイナンス市場は世界で最も速く成長していきました。そして、市場がある程度成熟するにつれ、役目を終えたと思った欧州の開発金融機関やインパクト投資ファンドらは自身の持分を売却するにいたるのですが、その売却先の多くはマイクロファイナンスの社会的パフォーマンスをあまり気にしない、商業主義的な色合いの強い金融機関らでした。そして、2010年代後半くらいから、こういった歴史ある大手マイクロファイナンス機関は徐々に変容していきました。実際に私が村人に話を聞いていても、信じられないような実態（顧客への乱暴な取り立てや、マネー・レンダーにお金を借りて自社への返済を促すことなど）が話されることが少なくありませんでした。

先に述べたように、株主構成は企業に大きな影響を与えます。だからこそ、大株主が変更したタイミングで（英語ではChange of Controlといいます）、契約の見直しを求めるような条項が多くの投融資契約には含まれています。同じことが、顧客保護認証やSPI Auditにおいてもなされる必要があったと私は思います。なお、社会問題や環境問題に取り組んでいるアパレル企業や食品企業らを中心に取得企業が増えているB-Corp™認証（パタゴニアやダノンなどが取得しています）においては、株主構成に大きな変更があったタイミングで認証をしなおすことが義務づけられています。五常・アンド・カンパニーも2024年にBコープ認証を取得しました。

インパクト投資とインパクト測定の盛り上がり

近年においてはインパクト投資がかなりの勢いで増えており、それと同時にマイクロファイナンス機関をはじめとした社会的企業のインパクト測定の取り組みも活発になっています。

インパクト投資は、投資をしたあとに、その企業が創出したインパクトを測定し、それを金銭的なリターンとともに報告することを行う投資のことです。わかりやすいものとしてよくあげられているのはたとえば、雇用の創出数、温室効果ガスの削減量などです。似たようなものとしてＥＳＧ投資がありますが、これはＥＳＧに関連して基準を定め、それを満足させる企業のみを対象として投資をするものです。ある意味で、ＥＳＧがネガティブスクリーニング（いわゆる足切り）投資であるのに対し、インパクト投資はより積極的にインパクトを創出しようとするものである点に、両者の違いがあります。なお、それより以前によく用いられていた言葉はＳＲＩ（社会的責任投資）でしたが、これもある種のネガティブスクリーニング投資です。

インパクト投資そのものはかなり以前から始まっていましたが、勢いがついたのは２０１０年代の後半だと思います。特に大きな契機となったのは、地球温暖化が進み、気候災害が目に見えて増えてきたこと、またそれを抑制しようとする動きが盛り上がってきたことでしょう。こういった機運のなか年金基金らがインパクト投資を始めたのを受けて、その資金の受け手であるファンドの運用者たちもインパクト投資ファンドを立ち上げるにいたりました。ＫＫＲやＴＰＧなど、名だたるプライベート・エクイティ投資ファンドの運用者らは矢継早にインパクトファンドを設立しています。

なお、日本ではいまだにESG投資はリターンを犠牲にしないものの、インパクト投資はリターンを犠牲にしてでもインパクト創出に努めている、という言説がありますが、それは誤りだと思います。もちろん、社会的インパクトのためにリターンを犠牲にするファンドもありますが、金額でいえばそれはごくわずかであって、運用資産規模が1000億円を超えるような大きなインパクト投資ファンドにおいては、投資リターン目線はそのままにしつつインパクト測定を追加で行っている、という場合がほとんどというのが、こうしたインパクト投資ファンドと対峙している立場からの肌感覚です。

こうしたインパクト投資の盛り上がりを受けて、企業側もインパクト測定を始めており、インパクト・レポートを発行する企業も増えています。特に日本企業のなかでも先進的な取り組みで知られるようなメルカリや丸井グループなどがインパクト・レポートを発行していますし、大企業では三井住友フィナンシャルグループがインパクト創出を3カ年計画の中心に据えたことが話題となりました。

なお、2024年の後半からは、米国など一部の国でESGやインパクト投資に対して逆風が吹いていますが、こういった逆風もESGやインパクト投資が避けがたいトレンドであるからこそ起きているものであり、長期的にはこの領域が伸びていくことには間違いはないでしょう。本書執筆時点においては、欧州や日本などでは状況は大きく変化しておらず、米国内でも投資家らは大々的にＥＳＧやインパクトという単語を口にしないだけで、必要な投資は粛々と行っているようです。

インパクト測定の難しさ

適当に数字を集めてなんとなくインパクトを伝えることは可能なのですが、真摯にインパクト測定を行おうとするとかなりの困難が伴います。この節では、インパクト測定の難しさについて書いておきたいと思います。

まず、インパクト測定をきちんと行うためには、自分たちなりの変革理論（よく Theory of Change とよばれます）が必要です。これは、自分たちの事業を通じて顧客や社会にどういった直接的な変化が起き、それがどのような良いインパクトにつながるのかをモデル化したものです。

ここではシンプルな変革理論モデルをつくってみましょう。

- 自社の事業：低所得層が使いやすい預金と融資を提供する

- 顧客の変化：サービスを通じて資金繰りが行いやすくなる
　サービスを通じて事業投資を行うことができる
- インパクト：顧客の外部環境変化に対する脆弱性が下がる
　顧客の所得が改善する
　より多くの雇用が創出される

さて、この変革理論に基づいて自社のインパクト測定をするとして、どういった難しさがあるでしょうか。

第一に、顧客に実際にこういったよい変化が起きたとして、それが自社の事業に起因するものであるのかを証明することは困難です。というのも、物事の変化には常に様々な要因がからんでおり、マイクロファイナンスはそのひとつでしかないからです。

たとえばあなたが日本にいる個人事業主で、なかなか資金繰りがつかないところに融資をしてくれた信用金庫があり、事業が成功したとしましょう。あなたの成功は信用金庫のおかげでしょうか、もしくは本人の努力のおかげでしょうか、また他の理由によるものでしょうか（たとえば政府の支援プログラムなど）。わからないわけです。特に介入（金融サービス利用）してから結果が出るまでに比較的長い時間がかかる場合、要因の特定はより困難になります。先に述べたＲＣＴを行えばある程度の因果関係分析はできますが、ＲＣＴには倫理的な問題がつきまといます。

第二に、いくつかの指標については計測することが困難です。たとえば、外的なショックに対する脆弱性が下がる、といったものは、一体何によって測定するのでしょうか。一案として考えられるのは週次の消費水準の標準偏差などですが、それだけで脆弱性の変化を説明するのは難しいのです。

第三に、そもそもデータを取得するのが困難です。先に述べた消費水準の標準偏差を計算しようとすると、毎週の消費のデータが必要になりますが、それを集めるのは大きな労力を要します。マイクロファイナンス機関の従業員たちは日常業務で忙しいので、データを集めようとしたら別途調査員を雇い、訓練して、長期間にわたりデータを集め続けないといけません。

ある意味で、インパクト測定におけるインパクトとは、企業における財務業績と同じだといえる気もします。財務業績も会社の営利活動の業績を数値で示したものですが、その数値も会計上の様々な前提によってつくられています。これは、インパクトを何らかの前提のもとに数値化することとある意味で似ています。

そして、ある企業の財務業績が良かったとして、それは望ましいことではありますが、その企業の努力と業績との間にどの程度の因果関係があるのか、完全にはわからないのです。たまたまその企業が置かれている事業環境によって利益が出たのかもしれませんし、同業他社の失敗など、幸運によるものかもしれません。数値で測られた財務業績が良いとしても、それが自社によって作り出されたのか、そうでないのかは、インパクト同様にわからないのです。

以上を踏まえると、インパクト測定というのは真面目に行うほどわからなくなっていく、禅問答のようなものであるともいえます。それでも暫定解のようなかたちで、私たちも毎年インパクト・レポートを発行しています。

無知のヴェールから考える金融包摂の意義

このように、マイクロファイナンスのインパクト測定は難しいものなのですが、それでも私自身のこの事業の意義に対する確信は揺らぐことがありません。それは、私は金融包摂を基本的な人権尊重の観点からも考えているからです。

数値化しにくい概念について考えるときに役立つのは思考実験です。ですので、たとえば事業向けのマイクロクレジットを例にして、『正義論』を書いた政治学者であるジョン・ロールズが行ったような思考実験をしてみましょう。

先に、マイクロファイナンスの顧客セグメントの事業投資のリターンは年率100％近くになるのに対し、アジアのマイクロファイナンスの平均金利は30％程度なので、マイクロクレジットを事業投資に振り向けたら所得が高確率で高まるという話をしました。ですが、あくまで仮の話として、事業投資の平均リターンがもっと低く、マイクロクレジットを用いて事業をしたとしても、生活が改善するかどうかの確率は半分半分であると仮定してみましょう。

さて、ここで質問です。あなたが生まれ落ちるとしたら、このような状況で融資を提供する事業者が存在する社会とない社会、どちらがよいでしょうか。もちろん、どんな家庭に生まれ落ちるかはわかりません。

私が周囲の人々に試してみたところ、多くの人は「融資事業者が存在する社会」と答えます。というのも、機会の平等や自由権の保障という観点に立てば、融資を受けられる選択肢がある状態のほうが望ましいからです。これは何も私の独創的な発想ではなく、先にも紹介したアマルティア・センが主張したことでもあります。彼は、経済開発とは単なる収入の増加ではなく、人の基本的自由が拡大すること、機会の平等が拡大することであると主張しました。

この観点に立てば、マイクロファイナンスは明確に経済開発に貢献しているといえます。低所得層にこれまでなかった資本アクセスを提供し、預金や保険等を通じてリスク管理ができることによって危機にも対応しやすくなり（それによって自由が守られる）、また女性らに多く事業向け融資をすることでジェンダー平等にも資するわけです。

また、本書の冒頭で書いていた貧困の定義を思い出してみましょう。そこでは、貧困は「リソースや能力が不足しているために、十分に社会参加できないこと」と定義されていました。これに照らし合わせてみれば、マイクロファイナンスは何らかの形で貧困削減にも寄与していると考えることは妥当であると私は考えます。

＊

この章では、マイクロファイナンスの課題と社会的パフォーマンス管理、インパクト評価について話しました。マイクロファイナンス業界が社会に対して約束してきたことをすべて果たしていたかというと是とは言えませんし、セクター全体に課題は多くありますが、それでも業界全体が経済開発や貧困削減に貢献してきたのは間違いのないことであると思います。

次の章では、未来のマイクロファイナンスがどうなるべきかについて考えていることを書きたいと思います。

第7章　未来のマイクロファイナンスはどうあるべきか

マイクロクレジットは顧客の資金繰りニーズにも対応できる設計を

前章でも述べたように、低所得層の人々の中にはまったく異なるふたつのグループがあります。第一に起業家精神があり事業を成長させたいと考えている少数派の人々、いわゆる「マイクロ起業家」たちです。第二に、起業家精神は特になく、その日暮らしをしている多数派の人々で、この人々は「起業家でない低所得層」、ＮＥＰ（Non-entrepreneurial Poor）ともよばれます。言い換えれば、途上国の農村にいる「普通の人々」です。マイクロ起業家たちはマイクロクレジットを事業投資に用いていますが、ＮＥＰたちは往々にしてマイクロクレジットを資金繰りに用いています。

マイクロ起業家に対しては、現在提供されているような、定まった期間内に定期的に返済するようなマイクロクレジットが有益ですが、ＮＥＰに対しては満期構造・支払時期・金額ともにはるかに柔軟性の高い融資が望まれています。いつでも、すぐに、いくらからでも借りられて、返済時期は自由に変更できるというものです。すなわち、「そのうちまとまった収入が得られたら返そう」と思っている人のニーズに合致しているサービスということです。

こんなことを主張すると「そんなことをしたら、返済時期が永遠に後ろ倒しになり、貸倒率が高まってしまうし、コスト的にも採算がとれない」という懸念が事業者から寄せられます。ですが、顧客がそれを望んでいるのは間違いのないことであり、だとすれば、顧客のニーズに応えながら貸倒率やコストを低く抑えることができるようなプロダクト設計に努めるべきなのだと思います。先述したように、使命感と進取の気性をもった業界最大手マイクロファイナンス機関であれば、そういったことをできる可能性は高まると思います。

いつでも手軽に貯蓄できるマイクロセービングを提供する

マイクロ起業家にとって、金融サービスを用いる主な目的は事業投資ですが、NEPにとっての主な課題は資金繰りです。だからこそ、NEPにとっては預金を増やすことの意義が大きくなります。先に述べたように、借入で資金繰りをするのと預金で資金繰りをするのを較べたら、預金で資金繰りをするほうがはるかに経済的だからです。

すでに述べてきたように、貯蓄グループは世界中のどこにも数世紀も存在してきました。これらが大勢の人々から支持されてきたのは、お金を貯めたいというニーズと、それを半ば強制してくれるようなグループのメカニズムと、村の中ですべてが完結するという手軽さなどが合致した結果でした。ですが、貯蓄グループは柔軟性に欠いており、金融機関に比べると安全性に難があるという課題がありました。ですので、グループの力学をうまく使いつつ、いつでも手軽に預金できるようなプロダクトがあれば、人々は喜んでマイクロファイナンス機関を用いて預金をすることでしょう。先に紹介したインドネシアのＢＲＩがよい例です。

地元での資金循環をマイクロファイナンスのＮＥＰ向け資金源にする

そんなＮＥＰの資金繰りニーズは、村の中で完結させることができます。言い換えると、村の中で一時的にお金が余っている人の資金を用いれば、一時的にお金が足りない人の資金ニーズは満たすことができるというわけです。もちろん、村全体で資金が足りないという事態も生じますが、より大きな州や国単位でみれば、国全体レベルでの災害、不況や紛争などがない平常時においては、やはりＮＥＰの資金余剰と資金不足は釣り合います。ですので、ＮＥＰのみを顧客とするのであれば、マイクロファイナンス機関が金融仲介機能（ここでは、預金者から集めた資金を、それを必要とする人に融資すること)を果たせば、すべての資金ニーズを満たすことができるということになります。

一方で、途上国におけるマイクロ起業家やより大きな中小零細企業にとっては、資金需要は資金余剰を上回りがちです。ですので、この人々を対象にする場合、マイクロファイナンス機関は外部資金をある程度受け入れながら事業を成長させていく必要があるでしょう。

地元コミュニティのソーシャルキャピタルを活かしてマイクロファイナンス機関を運営する

これまでの章でも、対面で会うことが人々の動機づけにもたらす影響力について書いてきましたが、地元コミュニティは人々が毎日のように顔を合わせる場所になっており、きわめて強いソーシャルキャピタル(社会関係資本)をもっています。これまでもそうしてきたように、マイクロファイナンス機関はコミュニティをうまく用いることでより効率的に事業を行うことができます。それは村の自治会などもそうですが、教会・寺院・モスクといった宗教施設における集会なども同じような役割を果たすことができます。

このコミュニティの重要性および顧客のリテラシー水準等を考えると、さほど学歴が高くない地元の若者たち(往々にして女性のほうが低学歴になりがちなので、女性が多くなります)を採用し訓練することで、地元に溶け込んだサービス提供が可能になります。また、この人たちは、マイクロファイナンスの顧客がデジタル金融サービスを使用する足がかりを提供することもできるようになるでしょう。今も日本の携帯電話ショップで、店員たちが高齢者らにスマホの使い方を教えている様子をイメージしてもらうと、想像がつきやすいと思います。

まとめると、将来は次のようにあるべきだと私は思います。

NEP向けのマイクロファイナンスサービス全体において、最低取引単位を限界まで下げること、サービスをいつでもどこでも利用できるようにすること、顧客の都合に応じて各種条件を柔軟に変更できるようにすること、が求められています。これを採算がとれる形で実施するにはテクノロジーとソーシャルキャピタルの活用、ビジネスモデルの革新が不可欠になることでしょう。

また、サービスを具体的に実装させるために、経営者は常に現場を訪問し生データに触れるべきです。コンピューターと異なり、人間の知性というのは、統計のような量的なデータよりも、現場で手に入る質的なデータからひらめきを得るようになっているからです。研究手法としても、本書で述べたRCTは効果測定には有効ですが、「なぜそれが効果的だったのか」という質問には答えられません。現場からの報告を聞くだけではこの質的なデータを手に入れることは不可能なので、経営者はどんなに忙しくても現場にいく努力を欠かしてはいけません。

なお、本書で紹介したフィナンシャル・ダイアリーは質的なデータであり、そこから洞察を得ることが可能です。というのも、毎日記録されていく資金繰りを眺めていると、その人の経済活動が手に取るように見えてくるからです。これは、ある人の日記を通して読むことで、その人の人生を追体験できるのに似ています。現在マイクロファイナンス業界でいちばん注目されている研究は、ＲＣＴからフィナンシャル・ダイアリーに移行しつつあります。

よくある金融教育はほとんど無意味

最後に教育についてお話をしたいと思います。往々にして、マイクロファイナンスに関わる教育については、金融教育、職業訓練、子どもたちの基礎教育の３つが取り上げられます。

まずは金融教育ですが、よくある貯蓄や資産運用といった金融教育は不要であるというのが私の意見です。これは日本においても同じことで、学校で資産運用を教えるのであればもっと教えたほうが良いものがあると思います。

日本を含め、世の中は多くの専門家らが分業することで成り立っているのに、専門知識を必要とする資産運用をすべての人に学んでもらうのは非効率でしょう。すべての人に資産運用を学ばせようとするのは、すべての人に医学の知識を学ばせようとするようなものです。それは悪いことではありませんが、ちょっと勉強した素人が往々にして手痛い失敗をすることを考えると、餅は餅屋に任せるのがいちばんではないでしょうか。

また、資産運用は基本的にある程度の資産ができた人がやってこそ効果があるものですし、習熟するには相当な時間がかかりますので、元手が少ない人が短時間の学習で手をつける意味も少ないと思います。

私が金融教育に抱いているもうひとつの違和感をすこし踏み込んでいうと、世の中にある金融教育には往々にして「教える私たちは正解を知っている」という傲慢さを感じるのです。しかし、これまでに見てきたように、途上国に住む低所得層の人々の多くは、限られたリソースと情報の中で、十分でない金融サービスを用いて最善の意思決定をしています。ギリギリの状況において曲芸師のように資金繰りをしている彼女・彼らを見ていると、むしろ自分たちが彼女・彼らに教えてもらったほうが良いのではないか、という気すらしてきます。

一方で重要と思われるのが、基本的な計算ができることだと思います。基本的な計算ができれば、いま自分が預金するべきなのか、借入をするべきなのかといったことが自分で判断できるようになります。五常・アンド・カンパニーの企業財団である五常財団（金融包摂を中心に、営利企業には行いにくい事業に特化した組織です)は、数字を読めない人々(もちろん字も読めません)が家計簿をつけることを支援するフィナンシャル・ダイアリー事業に助成しましたが、この事業を行った結果見えてきたのは、数字を読めない人々であっても一定のトレーニングを受ければ、少なくとも基本的な計算はできるようになるということです。

また、金融詐欺の手口は年々高度化・狡猾化しているので(途上国でも詐欺話に巻き込まれる人が後を絶ちません)、これらに騙されないようにするための教育は重要でしょう。日本の学校で金融教育を行うのであれば、代表的な金融詐欺事例を教えることこそ、意味のある金融教育だと思います。

職業訓練とマイクロクレジット

職業訓練は、顧客の生活向上にコミットしているマイクロファイナンス機関がよく行っている取り組みのひとつです。たとえば、第4章で紹介したBRACの「貧困卒業プログラム」などもこれにあたります。

先に紹介したデュフロらの最近の研究にもあるように、すでに事業を行っている人が事業投資のためにマイクロクレジットを利用した場合、そのマイクロクレジットは有意に所得向上をもたらすということがわかっています。こうした職業訓練プログラムは、ＮＥＰの人々がマイクロ起業家になる手伝いをすることにもつながります。

現時点では、既存の職業訓練プログラムは種類が限られているというのが課題です。よくあるプログラムはたとえば家畜の育て方、機織りのしかた、小規模商店の経営方法、米の育て方といったものに限定されています。しかし、どのような村も、様々な事業に従事する人がいてこそ成立するので、可能な限り多様なプログラムを、本人たちの理解度に合わせてテーラーメイドしていくのが理想であると思います。

生成ＡＩがかなり進歩している現代においては、近いうちに多様な職業訓練プログラムを提供できるようになるでしょう。２０２０年代後半ごろには、どんな仕事についても適切なアドバイスをしてくれるアルゴリズムが出来上がるはずです。そのようなトレーニングとクレジットプログラムを組み合わせれば、マイクロクレジットはより大きなインパクトをもたらすことができるようになるはずです。

一般学校教育と金融サービス

最後は一般の学校教育です。

日本をはじめとする先進国でも公教育の崩壊が叫ばれ始めていますが(特に都市部では深刻化していると感じます)、途上国ではそもそも公教育がまったく機能していない場合が少なくありません。たとえば、学校の先生がそもそも学校に来ない、来ても校舎で酒を飲んで働かない、試験前になると特別費用(賄賂)を求め、払わない生徒を落第させるなどといったことが今も起きています。

結果として、途上国の農村における教育熱心な親たちは、月に数ドルの月謝を払って、低コスト私立学校に子どもたちを通わせています。ここでの「私立学校」については、寺子屋のようなものを想像してもらえたらと思います。先生が自分の家や近所のスペースを用いて教室とし、地元の人たちが地元の子どものために教えているものです。

これら学校のほとんどは無認可なので、政府の統計にも反映されず、現地の教育支援事業に関わっている国際NGOや教育の専門家などもその存在を知らない場合が少なくありません。しかし、こういった低コスト私立学校はほぼすべての途上国に存在しており、実際に通っている子どもは全体の3割から6割(国によって違います)になるといわれています。

こういった低コスト私立学校の設備は公立学校より劣る場合が多く、先生も教職免許を有していないことが多いのですが、子どもの学力向上に与えるパフォーマンス(たとえば共通テストの試験成績）は、低コスト私立学校のほうが公立学校よりも優れているというＲＣＴ調査結果があります。無資格で設備的に劣っているとしても、「地元の子どものために頑張ろう」というやる気のある先生たちのほうが、そうでない公立学校の先生よりも子どもによい結果をもたらすというのは、妥当なことのように私は思います。

ちなみに、最年少の17歳でノーベル平和賞を受賞したパキスタンのマララ・ユスフザイさんも、この低コスト私立学校出身者です。彼女の父親は、地元の子どもたちのために自分で学校をつくり（政府から認可のための賄賂を求められたので無認可のままです）、そこでマララさんは勉強したのでした。

生成ＡＩがより高度化していくなかで、根本的な変化が学校に求められる時代がすぐそこに迫っています。本書を執筆中の２０２４年においては、ＡＩを用いて既存の教育を効率化させる取り組みが大多数を占めていますが、これは応急措置にしかなりえません。私たちがいま真剣に考えないといけないのは、「機械が人間の知的労働の大半を代替していく社会において、私たちは教育を通じてどういう人間を育てるべきなのか」というビジョンを描くことです。途上国・先進国にかかわらず公立学校が時代の要請に短期間で追いつけるかについて私は悲観的ですが、この低コスト私立学校には希望があると思っています。

こういった学校教育についてマイクロファイナンス機関が何をできるかというと、ふたつあるように思います。第一に、親が所得を増やすための職業訓練・マイクロクレジットを提供すること。第二に、学費向け積立サービスを提供することです。

こういった低コスト私立学校の学費は少額ではあるものの、そこで学んだ子どもが働くようになるまでには相当な時間がかかりますので、こういった資金ニーズを借入で賄うのは望ましくありません。非常時にはローンを用いるとしても、基本的には積立預金で賄うのが最適です。そうなると、家計の普段の収支からこの学費を捻出できるようにするべきなので、所得向上確率が高い職業訓練とマイクロクレジットのプログラムを提供するのが第一の方策であると思います。

そのような方策がとれず所得が増えない場合は、普段のやりくりで学費を賄わないといけなくなりますが、そのための若干の強制力を与えてくれる積立サービスも有用でしょう。現に、本書で紹介したデポジット・コレクターのよくある利用目的のひとつは、子どもの学費積立です。

＊

本章では、これからのマイクロファイナンスがどうあるべきかについてお話をしました。サービスそのものの改善においてはテクノロジーとコミュニティの活用およびビジネスモデルの革新に、また金融サービスを超えた領域との連携でいえば教育に大きな可能性があると私は考えています。

では最後にまた舞台を日本に戻して、先進国に住む人たちができることについて書いていきましょう。

終章　日本や先進国からできること

本書の前半でお話をしていたように、お金はその性質ゆえに世界中を回りつづけています。ですので、途上国におけるマイクロファイナンスにも、先進国に住む私たちのお金の一部が流れています。

そのように緊密につながっている世界において、金融包摂を前に進めるために、もしくは世界をより望ましい場所にするために、日本や他の先進国に住んでいる人たちにできることはなんでしょうか。

一言でいえば、私たちが有している二大リソースである、お金と時間の使い方を見直せば、社会は確実に変わっていきます。この章ではそれについて書いていきます。

お金の使い方として、質と価格のみならず意義を考慮する

社会を変えるお金の使い方の基本方針は、「自分が意義あると思うものにお金を出すこと」です。

たとえば、銀行にお金を預けるとしても、皆さんが意義を感じている領域に熱心である金融機関に預けるというのが、まず検討するべきことになります。ご存じのように、現在の日本では、預金金利は他国に較べるととても低いので、どの金融機関に預けても利息に大差はありません。かつ、一定金額までであれば預金は預金保険制度によって保護されています。ですので、各社を比較してみて、あなたが意義あると感じる領域により多くの資金を投じている金融機関に預金をするのがひとつです。

なお、ここでいう意義というのは、社会的なインパクトだけを意味しているわけではありません。たとえば伝統文化を保護することにあなたが意義を感じるのであれば、それに取り組んでいる金融機関を探せばよいのです。

大手金融機関の中では、たとえば三井住友銀行が2024年に「ソーシャル預金」を開始しています。これは、顧客が預金した資金を、三井住友銀行が貧困・格差などの社会課題解決に取り組む企業への融資等に充当するというものです。その対象には途上国における金融包摂な

ども含まれています。

また、現代において多くの人がクレジットカードで支払いを行っていると思いますが、ここでも、あなたが意義を感じる領域に熱心である企業の発行するクレジットカードを持つことが望ましいでしょう。そうすることで、その企業が得た収益は、あなたが関心を有している領域により多く流れるようになります。

こういった消費行動をする人は実際に増えてきているようです。たとえばエポスカードを提供している丸井グループは、２０２２年にエポスカード会員向けに「ソーシャルボンド」を発行しました。丸井グループが会員向けに社債を発行し、調達した資金を金融包摂に取り組む企業（当社を含みます）に融資するという仕組みでしたが、この社債はあっという間に募集枠を大きく上回る申し込みが集まったそうです。加えて、この社債を購入したエポスカード会員は、その後エポスカードの利用額が上がったそうです。

なお、本書を執筆している２０２４年時点において、私が創業した五常・アンド・カンパニーには４００以上の株主がおり、三井住友フィナンシャルグループのグループ会社も丸井グループも株主であることを念のため書いておきます。

買い物においても同様です。値段や質も重要ですが、その企業がどのような思いで事業に取り組んでいるのかにも関心を向けてはいかがでしょうか。たとえば、服であっても、デザイナーや工場労働者の権利に配慮をしているブランドや、環境への負荷を最小化することを前面に押し出しているブランドなど、様々なものがあります。

アウトドア製品であれば、パタゴニアなどはよく知られていますし、アパレルブランドであればステラ・マッカートニーやイッセイ・ミヤケ、CFCL、マザーハウス、ヘラルボニーなどは環境や社会について真剣に考えてきたブランドとして知られています。

こういったブランドの製品は往々にして高価ですが、それは単に広告宣伝費などにお金がかかっていることだけが理由ではありません。製造工程において関係者らに配慮すると（たとえば過酷な工場労働をさせない、関係者らに適正な賃金・代金を払う、など）、どうしてもコストが高くなってしまうのです。世の中にはファストファッションの服があふれていますが、異常なまでに安価な服の背景には、規模の経済のみならず弱者搾取があることは多くのジャーナリストが指摘するところです。修理しながら長く着られる服を買うというのがいちばんよいことだと思います。

食品の環境負荷を考えるのであれば、基本的に旬の素材のみを買うようにしましょう。というのも、旬でない時期の野菜というのは、何らかの無理をしてそこに届けられているからです。

できれば生産地が近くにある食品を買うのもよいでしょう。そうすることで輸送分の環境負荷が小さくなるからです。相対的に価格が異常に安い食品には、何らかの理由があることも気に留めておきましょう。

近年においては、社会や環境に配慮している企業がＢコープという認証をとりはじめています。本書執筆時点において、日本ではいまだに取得企業数がＣＦＣＬや当社を含め50社程度ですが、世界全体では１万社が取得しており、欧州や北米では認知度が30％を超えています。Ｂコープを取得している企業が提供しているものを積極的に購入する人も増えています。認証基準も厳格なので、もし街中でＢコープのマークを見かけたら、優先的に購入することを検討してもよいかもしれません。

難しいなと思うのは、経済的に困窮している人ほど安い服や食品を買わざるを得ないので、結果として自分と同じような立場にいる人々の搾取に加担しがちであることです。ですので、安い服や食品を購入するべきでないと言うことは私にはできないのですが、自分の経済状況を踏まえてできるところからやってみたらどうでしょうか。

そして、さらに資金的に余裕があれば、寄付や社会的な意義のある事業への投資なども考えてみるとよいと思います。日本であればＲＥＡＤＹＦＯＲやGoodMorningなどのクラウドフアンディングのウェブサイトにいけば、様々な活動が取り上げられており、その中から関心をもった領域を選ぶのもよいでしょう。

応援したい企業が上場していたら、その会社の株式を購入して、長く持ち続けることもひとつの方法です。先にも述べたように、長い目線で応援してくれる株主がいると、その企業は長期的な目線に立って株主、顧客・社会、従業員の利益のバランスをとりやすくなります。

時間の使いみちとして、労働条件に加えて意義を考慮する

私たちが有しているリソースのもうひとつは時間です。それをどうやって使うのかも、企業活動に大きな変化をもたらしています。というのも、その企業で働きたいという人がいなくなったら、どんな企業も存続することが不可能だからです。言い換えると、社会的にあまり望ましくない企業が存続しているのは、そこで働く人が存在するからなのです。

現時点でも、Z世代の人々のなかで特に優秀な層においては、単に報酬だけで職場を選ばない人が増えており、働く人の権利に配慮しているか、事業内容に共感できるかなどを気にするようになっています。結果として、会社が意義のある事業を行っていないと、優秀な人を採用することが難しくなってきています。

私はZ世代ではありませんが、自分が時間を割いて何らかの活動をする際にいつも考えているのは、それに意義があるかどうかという点です。生きるために必要なお金はすでに稼ぐことができているので、何らかの仕事をするかどうかは意義を見いだせるかどうかによって決めています。皆さんがそのように仕事を決めていけば、企業もそれに合わせて変化していくことでしょう。

とはいえ、自分が働いている会社の事業には共感できないけれども、会社を離れられないという人もいると思います。そういう場合には、自分の空き時間を、プロボノ活動やボランティア活動などに費やしてみたらいかがでしょうか。私が創業したLiving in Peace はプロボノメンバーのみで構成されているNPOであるにもかかわらず、限られたNPOしか取得できない認定NPO法人であり（寄付されると税控除がされます）、活動は拡大を続けています（私は創業から10年後になる2017年に理事長を退任し、いまは正会員として関与しています）。このNPOが取り組んでいる領域は金融包摂、社会的養育、難民ですので、関心のある人はウェブサイトを見てみるとよいと思います。

他にも、兼業規制などがすこしずつ緩和していることを考えたら、空き時間を使って、自分がよいと思っている企業でアルバイトのようなことをすることも可能だと思います。企業側も、働く人の事情を踏まえ、パートタイムを受け入れやすくなっているので（先進的な企業ほどそういう傾向にあるように思います）、検討してみたらいかがでしょうか。

私たちのお金と時間の使い方というのは、資本主義社会における人気投票のようなものです。お金と人がより集まる領域に、企業は引き寄せられていきます。より多くの人がお金と時間の使い道について、価格・質に加えて意義を判断材料にするようになれば、社会は自然と意義を大切にしていくようになるはずです。

もちろんその過程には、虚偽の事業意義をうたう企業も出てくることでしょう。アメリカやヨーロッパなどでは、こういったインパクト・ウォッシング（実態は違うのに、インパクトがあるように見せること）が問題になっています。しかしながら、そういった反動などがありながらも、社会は確実に前に進んでいくはずです。

あとがき

もともと私は書くことが好きでした。機会にも恵まれ、20代後半から30代前半までは毎年一冊くらいのペースで本を書いていました。

本を書くという作業をしているときは、10万字以上ある原稿の内容がすべて頭の中に入っていないといけません。そうでないと、内容が重複してしまったり矛盾したりして、読み物として成立しなくなってしまうためです。なので、メモリを大量消費しているPC同様に、本を書いている間には他の知的活動を抑制しないといけなくなります。

そういったこともあり、起業して仕事が忙しくなってからは執筆のペースもだいぶ落ち、さらに最近は子育てにも時間を費やすようになり、本を書くのが時間的に困難になっていきました。

それでも本書はどうしても書かなければいけないと思いました。それは第一に、日本語によって書かれた最先端のマイクロファイナンスの本が存在しないからです。本書の参考文献にもある通り、金融包摂に関する主要な書籍や論文はすべて英語で書かれており、その多くは邦訳されていません。これは、歴史的に日本人および日本の組織が途上国の金融包摂において主要な役割を果たしてこなかったことにも関連しているのでしょう。

私は「マイクロファイナンスや金融包摂について知りたいのですが、日本語でおすすめの本を教えてください」という質問を頂くことが多いのですが、回答に窮することが多くありました。「ないのであれば自分で書こう」ということで、本書は途上国の金融包摂に関心を有している人がまず読むべき一冊になるように努めました。大学生だったころ、私は岩波文庫を通じて文学・哲学を学び、岩波新書を通じて現代教養を学びました。「自分が学生のころにこういう本があったら良かったな」と思える本を書きました。

本書を書こうと思った第二の理由は、これから日本が途上国の金融包摂において大きな役割を果たしていく可能性が高まっているからです。

最近まで、途上国の金融包摂を推進してきたのは現地の人々と欧米のドナーや投資家たちであり、日本の投資家や企業の貢献は限定的でした。しかし、この本で述べたように、こういった寄付や投資資金は経済開発のみならず社会問題も引き起こし、ドナーや投資家の気持ちを冷え込ませることにもなりました。それに加え、近年においては人々の関心が気候変動問題に大きく寄せられるようになった結果、金融包摂がある意味で飽きられていき、この領域における寄付や投資が減ってきています。まだ途上国における金融包摂の問題が解決されていないのに、このようになってしまったのはとても残念なことです。

一方で、日本ではすこし遅れて途上国の金融包摂に関心をもつ人が増え、この領域に参入する企業が増えてきました。これから、この領域にリソースを投下する日本の営利組織・非営利組織は増えていく可能性が高いと私は思っています。

せっかく遅れて始めるのですから、私たちは先人たちから学び、同じ轍を踏まないようにするべきです。そのためには、過去の実務家・ドナー・投資家らが金融包摂に関わってきたこの半世紀をきちんと振り返り、そこで得られた知見をもとにこの領域で活動をする必要があります。そのためには本書が必要であると私は思いました。

最後の理由は、ようやくこのテーマに対する私の考えが固まったからです。本書で書いているマイクロファイナンスの意義、課題、あるべき姿は、私が起業から10年かけてたどり着いた結論であり、今後も大きくは変わらないと思います。

本書で主張したように、「使命感と進取の気性をもった最大手マイクロファイナンス機関こそが、顧客に対する正のインパクトを最大化させることができる」と私は考えるに至りました。

そして、私が仕事を通じてやろうとしているのは、世界中でそのようなマイクロファイナンス機関を保有する民間版の世界銀行をつくり、世界の金融包摂の課題を劇的に解決することです。その意味で本書は「民間版世界銀行設立宣言」でもあります。そのビジョンが実現されるかどうかは、10年20年後に明らかになることでしょう。

本書を読んだ人が途上国の金融包摂に関わるようになれば、世界はすこしずつ着実に進歩していくと私は信じています。そして、途上国に暮らす数億世帯の人々のすべてが有益な金融サービスを手頃な価格で使えるようになり、そこで暮らす子どもたちが自分の運命を自分で決めることができるようになるとしたら、素晴らしいことです。本書がそれに役立てたとしたら、とても幸運なことです。

謝　辞

本書の執筆においては、岩波新書の坂本純子さんにとてもお世話になりました。長い期間にわたって伴走してくださったことに心から感謝しています。そして、後半に編集を引き継ぎ（書籍を途中で引き継ぐのはきわめて大変なことだったと思います）、最後まで仕上げてくださった中山永基さんにも大変お世話になりました。ありがとうございました。

つぎに、五常・アンド・カンパニーとそのグループ会社の同僚たちにも心から感謝していま す。仲間がいなかったら、そもそもここまで活動を続けることはできませんでしたし、彼女・彼らとの議論を通じて、私の金融包摂についての考えはより精緻化されていきました。特に、私の金融包摂に関する理解を格段に高めてくれた師匠であるスチュアート・ラザフォードさん、原稿をすべて読んでコメントをくれた大場有紗さん、堅田航平さん、野口能也さん、マルコ・ジアンコッティさん、宗村奈保さんに感謝申し上げます。

また、途上国の農村に通訳だけを連れてやってきた私に様々なことを教えてくれた、現地の人々に心から感謝します。率直な彼・彼女らとのお話は、マイクロファイナンスの意義と課題を繰り返し考える動機となりました。また、現地での話は笑いにあふれるものになることが多く、そういった経験は、経済的な逆境と人の幸福感は相関しないこともあるということを私に教えてくれました。

そして、五常・アンド・カンパニーの活動を資金的に支えてくれている株主や貸し手の方々にも心から感謝しています。途上国の金融包摂に関わってこなかった日本という国で、私たちが事業をここまで拡大することができたのは資金的に支えてくれた人々のおかげです。

最後に、常時注意欠陥気味で生活上のミスをしまくる私を日々助けてくれている家族と友人たちに感謝します。特に、私がそもそも金融包摂に関わるきっかけになったのは両親によるところがきわめて大きいと思います。常に資金繰りに悩まされていた我が家のＣＦＯであった母が私の金融包摂観に与えた影響はきわめて大きいものでした。また、私が幼い頃から岩波書店の「世界」を購読していた父は、この出版をとても喜んでくれることと思います。

ありがとうございました。

二〇二四年一二月

慎　泰俊

参考文献

欧文献のうち日本語訳が出版されているものについては，邦訳書のタイトルを併記している．

Abhijit Banerjee & Esther Duflo, *Poor Economics: A Radical Rethinking of the Way to Fight Global Poverty*（『貧乏人の経済学 ── もういちど貧困問題を根っこから考える』）, PublicAffairs（2012）

Abhijit Banerjee, Emily Breza, Esther Duflo & Cynthia Kinnan, “Can Microfinance Unlock a Poverty Trap for Some Entrepreneurs?”, NBER Working Paper（2019）

Abhijit Banerjee, Esther Duflo, Rachel Glennerster & Cynthia Kinnan, “The Miracle of Microfinance? Evidence from a Randomized Evaluation”, *American Economic Journal: Applied Economics*（2015）

Amartya Sen, *Development as Freedom*（『自由と経済開発』）, Oxford University Press（1999）

Asli Demirgüç-Kunt, Leora Klapper, Dorothe Singer & Saniya Ansar, *The Global Findex Database 2021*, World Bank Group（2022）

Beatriz Armendariz & Jonathan Morduch, *The Economics of Microfinance*（*2nd edition*）, The MIT Press（2010）

Cerise + SPTF, “Universal Standards for Social and Environmental Performance Management”（2022）

Daron Acemoglu & James A. Robinson, *Why Nations Fail: The Origins of Power, Prosperity and Poverty*（『国家はなぜ衰退するのか ── 権力・繁栄・貧困の起源』）, Profile Books（2012）

Daryl Collins, Jonathan Morduch, Stuart Rutherford & Orlanda Ruthven, *Portfolios of the Poor: How the World's Poor Live on $2 a Day*（『最底辺のポートフォリオ』）, Princeton University Press（2009）

David Brady & Linda M. Burton ed., *The Oxford Handbook of the Social Science of Poverty*, Oxford University Press（2016）

David Graeber, *Debt: The First 5,000 Years*（『負債論 ── 貨幣と暴力の5000年』）, Melville House（2011）

Divyanshi Wadhwa, “More men than women are literate”, World Bank（2019）

Edward Chancellor, *The Price of Time: The Real Story of Interest*(『金利「時間の価格」の物語』), Penguin(2022)

Felix Martin, *Money: The Unauthorized Biography*, Vintage (2014)

Ira W. Lieberman, Paul DiLeo, Todd A. Watkins & Anna Kanze, ed., *The Future of Microfinance*, Brookings Institution Press (2020)

J. Bradford De Long, "Estimates of World GDP, One Million B.C. – Present" (1998)

James Tooley, *The Beautiful Tree: A personal journey into how the world's poorest people are educating themselves*, Cato Institute (2013)

James Tooley, *Really Good Schools: Global Lessons for High-Caliber, Low-Cost Education*, Independent Institute (2021)

Jean Tirole, *The Theory of Corporate Finance*, Princeton University Press (2006)

John Rawls, *A Theory of Justice: Revised Edition* (『正義論』), Belknap Press (1999)

Megha Bahree, "A Big Split Over Microfinance", *Forbes* (2010)

Muhammad Yunus & Alan Jolis , *Banker to the Poor: The Autobiography of Muhammad Yunus, Founder of Grameen Bank*(『ムハマド・ユヌス自伝 ── 貧困なき世界をめざす銀行家』), Oxford University Press (2001)

Ray Kurzweil, *The Singularity Is Nearer: When We Merge with AI*, Viking (2024)

Ronald Cohen, *ON IMPACT: A guide to the Impact Revolution* (2018)

Stuart Rutherford, *The Poor and Their Money*, Oxford University Press (2001)

Stuart Rutherford, *The Pledge: ASA, Peasant Politics, and Microfinance in the Development of Bangladesh*, Oxford University Press (2009)

Suresh de Mel, David McKenzie & Christopher Woodruff, "Returns to Capital in Microenterprises: Evidence from a Field Experiment", World Bank Group(2007)

Yuval Noah Harari, *Sapiens: A Brief History of Humankind*(『サピエンス全史』), Harper(2015)

Yuval Noah Harari, *Nexus: A Brief History of Information Networks from the Stone Age to AI*, Random House(2024)

宇沢弘文『社会的共通資本』岩波新書(2000)

小島庸平『サラ金の歴史 ── 消費者金融と日本社会』中公新書(2021)
廉薇，辺慧，蘇向輝，曹鵬程(永井麻生子訳)『アントフィナンシャル ── 1匹のアリがつくる新金融エコシステム』みすず書房(2019)
慎泰俊『ルポ 児童相談所 ── 一時保護所から考える子ども支援』ちくま新書(2017)

慎 泰 俊

1981年東京生まれ．朝鮮大学校および早稲田大学大学院ファイナンス研究科卒．モルガン・スタンレー・キャピタルおよびユニゾン・キャピタルを経て，2014年に五常・アンド・カンパニーを創業，途上国における金融包摂に従事している．認定NPO法人Living in Peace，日本児童相談業務評価機関を共同創設．
著書―『ルポ 児童相談所』(ちくま新書，2017)
『外資系金融のExcel作成術』(東洋経済新報社，2014)
『ソーシャルファイナンス革命』(技術評論社，2012) など

世界の貧困に挑む――マイクロファイナンスの可能性
岩波新書(新赤版)2055

2025年3月19日　第1刷発行

著　者　慎《シン》泰《テ》俊《ジュン》

発行者　坂本政謙

発行所　株式会社 岩波書店
〒101-8002 東京都千代田区一ツ橋2-5-5
案内 03-5210-4000　営業部 03-5210-4111
https://www.iwanami.co.jp/

新書編集部 03-5210-4054
https://www.iwanami.co.jp/sin/

印刷・精興社　カバー・半七印刷　製本・中永製本

ISBN 978-4-00-432055-5　　Printed in Japan

岩波新書新赤版一〇〇〇点に際して

ひとつの時代が終わったと言われて久しい。だが、その先にいかなる時代を展望するのか、私たちはその輪郭すら描きえていない。二〇世紀から持ち越した課題の多くは、未だ解決の緒を見つけることのできないままであり、二一世紀が新たに招きよせた問題も少なくない。グローバル資本主義の浸透、憎悪の連鎖、暴力の応酬――世界は混沌として深い不安の只中にある。

現代社会においては変化が常態となり、速さと新しさに絶対的な価値が与えられた。消費社会の深化と情報技術の革命は、種々の境界を無くし、人々の生活やコミュニケーションの様式を根底から変容させてきた。ライフスタイルは多様化し、一面では個人の生き方をそれぞれが選びとる時代が始まっている。同時に、新たな格差が生まれ、様々な次元での亀裂や分断が深まっている。社会や歴史に対する意識が揺らぎ、普遍的な理念に対する根本的な懐疑や、現実を変えることへの無力感がひそかに根を張りつつある。そして生きることに誰もが困難を覚える時代が到来している。

しかし、日常生活のそれぞれの場で、自由と民主主義を獲得し実践することを通じて、私たち自身がそうした閉塞を乗り超え、希望の時代の幕開けを告げてゆくことは不可能ではあるまい。そのために、いま求められていること――それは、個と個の間で開かれた対話を積み重ねながら、人間らしく生きることの条件について一人ひとりが粘り強く思考することではないか。その営みの糧となるものが、教養に外ならないと私たちは考える。歴史とは何か、よく生きるとはいかなることか、世界そして人間はどこへ向かうべきなのか――こうした根源的な問いとの格闘が、文化と知の厚みを作り出し、個人と社会を支える基盤としての教養となった。まさにそのような教養への道案内こそ、岩波新書が創刊以来、追求してきたことである。

岩波新書は、日中戦争下の一九三八年一一月に赤版として創刊された。創刊の辞は、道義の精神に則らない日本の行動を憂慮し、批判的精神と良心的行動の欠如を戒めつつ、現代人の現代的教養を刊行の目的とする、と謳っている。以後、青版、黄版、新赤版と装いを改めながら、合計二五〇〇点余りを世に問うてきた。そして、いままた新赤版が一〇〇〇点を迎えたのを機に、人間の理性と良心への信頼を再確認し、それに裏打ちされた文化を培っていく決意を込めて、新しい装丁のもとに再出発したいと思う。一冊一冊から吹き出す新風が一人でも多くの読者の許に届くこと、そして希望ある時代への想像力を豊かにかき立てることを切に願う。

（二〇〇六年四月）